Allenati, mangia e sorridi

Riequilibra l'intestino
e torna in forma con il programma Re-Start

Serena Missori

Allenati, mangia e sorridi | Riequilibra l'intestino e torna in forma con il programma Re-Start

Autrice: Dott.ssa Serena Missori

Editor in Chief: Marco Aleotti

ISBN: 78-88-6895-257-0

Immagine di copertina: Laila Pozzo

Fotografie
Foto degli esercizi e foto di pag. 60: Giorgio Amendola - Imago Casting. Foto delle ricette: Serena Missori. Foto delle pagg. 6, 62, 64, 182 e 208: Alessandro Gelli. Foto delle pagg. 6, 38, 288, 350: Damiano Gadaleta. Foto di pag. 38: Pino Vaccaro. Le immagini delle pagg. 15, 23 e 47 appartengono all'autrice.

Make up artist: Jessica Bianchini

AVVERTENZA IMPORTANTE
Tutti i consigli e le indicazioni riportati nel presente libro sono stati verificati accuratamente e secondo scienza e coscienza dall'autrice. Non pretendono di sostituirsi al consiglio competente del proprio medico curante. Ogni lettore è responsabile delle proprie azioni. L'autrice e la casa editrice non si ritengono responsabili per danni e problemi derivanti dall'esecuzione dei consigli pratici contenuti nella presente opera.

EDIZIONI
LSWR

Edizioni
LSWR
Via G. Spadolini, 7
20141 Milano (MI)
Tel. 02 881841

www.edizionilswr.it

Printed in Italy

Finito di stampare nel mese di ottobre 2015 presso "Printer Trento" S.r.l., Trento.

(*) Edizioni Lswr è un marchio di La Tribuna Srl. La Tribuna Srl fa parte di LSWR GROUP

Alla mia famiglia
Alessandro Gelli
Urano
Cino e Rino
Shiva, Shankar
Lamo e Taro

Ringraziamenti

Scrivere un libro è un'impresa che coinvolge tutta la famiglia, soprattutto se a farlo è un medico che lavora con passione tutti i giorni della settimana, insegna all'università, tiene attivo un blog, segue i social network e come se non bastasse ha tanti hobby. Coinvolge tutta la famiglia perché ogni minuto libero, sino al momento in cui si va in stampa, è dedicato al libro. Se sono riuscita a scrivere tre libri e un ebook in meno di un anno è perché ho avuto il supporto totale della mia famiglia.

Il primo grazie va alla persona che mi è accanto, tanto speciale quanto unica. Il secondo a Laura, senza la quale non sarei riuscita a portare a compimento l'opera nei tempi prefissati. Grazie a Giò che ha supportato Laura da un punto di vista tecnologico e in questo modo ha aiutato anche me.

Grazie a mia nonna, che non si è lamentata affatto perché, a causa degli impegni, sono andata a trovarla meno frequentemente e mi farò perdonare per questo (ma è onnipresente in questo libro); a mia madre per averla sostenuta in ogni momento sopperendo anche alle mie mancanze e per avermi scritto ogni giorno messaggi di stima e di supporto. Grazie a tante persone speciali: i miei pazienti, con i quali il rapporto umano è alla base di ogni inizio di giornata; siete tanto affettuosi e presenti anche nell'invogliarmi a scrivere sempre di più. Grazie a Giorgio Amendola per il suo contributo alla realizzazione delle fotografie.

Grazie a Costanza Smeraldi e al Dottor Giorgio Albonetti per avermi apprezzata e supportata e per aver creduto nel mio progetto. Grazie anche a Marco Aleotti e alla redazione per aver trattato con estrema cura e professionalità il mio libro.

Grazie a Cino e Rino, due *special guest*: piccoli grandi maestri di vita che sono per me un soffio vitale e dai quali sono inscindibile. Grazie a Shiva, Shankar, Lamo e Taro per il loro supporto; veri guerrieri che affrontano ogni missione con una forza invincibile.

Grazie al Prof. Alessandro Gelli, maestro e mentore, per aver creduto in me sin dal nostro primo incontro e aver contribuito fortemente alla mia formazione, che non avrà mai fine.

time to feel good

Sommario

Ringraziamenti IV
La mia storia VII
Re-Start 1
Cosa significa Re-Start? 3

Il metodo Re-Start 7

Per ricominciare devi sapere cosa ripulire 9
Il secondo cervello o cervello pancia: Il GUT 15
Il GUT 17
Il GALT 18
Il microbiota 19
Cosa fa per noi il microbiota? 19
Sistema nervoso intestinale o enterico (SNI) 20
Sindrome dell'intestino permeabile 22
Cos'è che rompe l'equilibrio del GUT? 22
Disfunzione del GUT? 22
Perché, quando, come iniziare Re-Start e rimanere in salute 26
1-2. Consapevolezza della propria condizione di salute e valutazione dello stile di vita 27
3. Pianificazione e attuazione del Re-Start 28
4. Diario settimanale per 15-30 giorni 28
5. Bilancio 29
6. Mantenimento dei risultati: la regola del 70:30 29
Integratori utili da assumere durante Re-Start 30
Integrazione giornaliera 30
Integrazione specifica per il GUT 31
Dalle antiche scienze orientali all'applicazione occidentale: ripulire il GUT con *jihwa dhauti* e *laghu shankhaprakshalana* 32
Jihwa Dhauti 32
Lingua e test della saliva 33
Perché è importante pulire la lingua? 33
Perché si forma la patina bianca? 33
È possibile individuare la presenza di lieviti, soprattutto di candida, con un test casalingo? 33
Laghu shankhaprakshalana 34
Lagu shankhaprakshalana versione breve del sistema Re-Start 34
Le cinque asana di laghu shankhaprakshalana 36
Allenamento Re-Start 39
Allenamento per il relax e il detox 40
Rolli laterali 40
Rolli a fisarmonica 40
Gatto e varianti 40
Mezza spaccata 1 e 2 41
Apertura delle anche 41
Allenamento lipolitico total body, energizzante e per la riduzione della pancia 42
Corsa sul posto/camminata sul posto 42
Calcio posteriore 42
Superman/Superwoman 42
Ponte 42
Plank statico 42
Plank scivolato o saltato 42
Arciere 43
Allenamento tonificante e fortificante per la parte superiore del corpo 44
Push up e varianti 44
Alzate laterali 44
Spinte in alto 44
Curl bicipiti 44
Dip 44
Allenamento tonificante e fortificante per la parte inferiore del corpo 46
Affondi 46
Affondi rialzati 46
Affondo laterale 46
Squat 46
Step up 46

Allenamento anticellulite, antipancia, antigonfiore e per la riduzione del giro vita 48
Battimenti alternati 48
Farfalla 48
Squadra statica 48
Squadra dinamica 48
Squadra camminando 48
Ponte a una gamba 48
Gatto scalciante 48

Meditazione Re-Start: prenditi cinque minuti al giorno e vai nel tuo luogo privato gratuito 51
Cosa si può scegliere di fare nel luogo privato? 52
Come si deve respirare durante la meditazione? 52

La dieta A.M.S. per stare in forma riducendo lo stress 54
Allenati 55
Mangia 55
Sorridi 55
Lo stress interferisce con lo stato di salute? 55
I quattro biotipi morfologici base 56
Psico-biotipo cerebrale 56
Psico-biotipo bilioso 56
Psico-biotipo linfatico 57
Psico-biotipo sanguigno 58
I biotipi composti 59

I cibi trigger 61

La mia dispensa della salute 65
Nel frigorifero 65
Nel freezer 65
Spezie e piano di lavoro 66
Farine e cereali integrali 66
Frutta secca e semi 66
Legumi 66
Dolcificanti naturali 67
Condimenti 67
Acqua 67
Per i lievitati 68
Superalimenti 68
Acido fitico: come preparare cereali, semi, legumi e frutta secca per il consumo 68

Il programma Re-Start 70

Le ricette 75

Latte, smoothie e succhi 77

Colazione 107

Pane e pizza 149

Vegetali fermentati 168

Condimenti e salse 180

Insalate 195

Primi piatti e piatti unici 221

Uova, carne e pesce 278

Dolci e snack 301

Consigli utili per mangiare fuori casa 348
Al ristorante per lavoro o per piacere 348
In mensa 348
Al lavoro, sul luogo di studio, in viaggio 349
In palestra o al parco 349
Al bar 349

Indice completo delle ricette 350

La mia storia

La mia storia di medico inizia molto probabilmente al momento della nascita, per poi diventare concreta con l'incontro che ha cambiato decisamente la mia vita. Sono nata con numerosi problemi di salute, rimasti misconosciuti per tanti anni, che mi hanno fatto vivere buona parte dell'infanzia e dell'adolescenza perennemente "malaticcia" ma con la curiosità, dettata probabilmente anche dalla necessità, per tutto ciò che riguarda la salute e le malattie. Mi spiego meglio.

Ho iniziato a leggere e scrivere a quattro anni grazie a mia nonna e, passata velocemente la fase della lettura dei libri di fiabe tenuti in uno scaffale a portata di bambina, che non mi hanno mai coinvolta e appassionata più di tanto, il mio sguardo è volato agli scaffali più in alto, verso i libri che ai miei occhi sembravano grandissimi, pesantissimi e che racchiudevano tante informazioni sulle malattie: i libri dell'enciclopedia medica. Lo so, nell'era digitale pensare all'enciclopedia medica può far sorridere e sorrido anch'io.

Abbiamo libero accesso a ogni tipo di informazione con un clic o un touch, e più avanti nel tempo probabilmente con il pensiero grazie a un'interfaccia neurale. Ma la scoperta della medicina tramite la ricerca in mezzo a volumi polverosi, intonsi, pesanti e in un certo senso proibiti per una bambina, nonché difficilmente raggiungibili se non arrampicandosi pericolosamente, con relativi rimproveri, ha acceso una fiamma che arde tutt'oggi e mi auguro non si estingua mai.

Solo in età adulta, in seguito a non poca sofferenza, sono venuta a capo, da sola, dell'origine dei miei continui malesseri e... sorpresa: la causa scatenante era proprio il cibo, non tutto, ma una buona parte, e soprattutto quel cibo che era onnipresente nell'alimentazione familiare. Se oggi volgo lo sguardo al passato e penso a quanto avrei potuto vivere meglio, in salute e più felice, non nego che un po' d'amarezza fa capolino nella mia mente.

Penso a tutte le volte in cui mi sono sentita dire che non avevo nulla e che cercavo solo di attirare l'attenzione. Ebbene, ormai da diversi anni so che non è così, e mi batto affinché non succeda a qualcun altro di stare male senza comprenderne il motivo, nei limiti del possibile e delle conoscenze attuali.

La medicina non è una scienza esatta ed è in continua evoluzione; tanti dogmi sono stati confutati e tante ipotesi un tempo ritenute improbabili sono state invece confermate. Oggi possiamo contemplare una fusione tra le conoscenze mediche e olistiche provenienti dal passato con le conoscenze odierne, una fusione Oriente-Occidente e una fusione mente-corpo-spirito come unica entità senziente, senza sentirci dire che siamo dei millantatori: l'unico vero millantatore, quando si ha a che fare con la salute e il benessere, è il desiderio cieco di pretendere di possedere una verità assoluta senza considerare altre possibilità.

Ho sofferto da piccola di reflusso gastroesofageo con relativa esofagite (e conosciamo bene i classici farmaci per "proteggere" lo stomaco e l'esofago, se ne abusa tantissimo). I medici consigliavano di assumere latte e derivati per lenire il dolore. In modo fedele e pedissequamente ho seguito per anni questa indicazione ma, lenito il dolore allo stomaco, iniziava un dolore più forte, quello colico. Ho passato anni e anni ad avere "mal di pancia" inspiegabili, con un addome sempre dolente e che creava disagio.

Ebbene, la terapia prescritta per queste coliti era una terapia farmacologica con antispastici e dieta in bianco, con pasta condita con burro o olio e formaggi freschi. La colite non mi è mai passata fino a quando, diventata adulta, ho potuto decidere autonomamente cosa mangiare e per istinto ho eliminato dalla mia dieta i latticini, soprattutto quelli freschi. Ma i fastidi in parte ancora continuavano. Sempre in lotta con i vari pareri medici, solo quando sono diventata medico io stessa e ho compreso che non dovevo necessariamente uniformarmi alla massa, sono riuscita a sciogliere tutti i nodi della mia intricata matassa. E ci sono riuscita perché ho iniziato ad ascoltarmi.

Il corpo parla, la pancia lo fa tantissimo, ha un suo cervello emotivo e fisico: se solo ci fermassimo ad ascoltare un attimo, non sentiremmo solo i borborigmi, ma ci accorgeremmo anche di quanto il nostro apparato digerente sia pensante, abbia memoria, ricordi ciò che gli fa veramente bene o veramente male e sia una delle basi portanti della nostra salute. *Il nostro intestino non è un raccoglitore di cibo e produttore di rifiuti: è un immenso mondo intelligente, popolato da microrganismi dotati di vita e intelligenza propria, che vivono in simbiosi o in guerra con noi a seconda dei rifornimenti che procuriamo loro.* Una cosa va messa in evidenza: i medesimi rifornimenti per alcuni possono essere benefici, per altri no, perché esiste una variabilità individuale.

Consapevole di questo e di tanto altro, ritengo effettivamente il cibo un alleato o un nemico per la nostra salute, così come ci conferma la nutrigenomica (la scienza che si occupa delle interazioni fra il cibo e il nostro DNA), e con uno sguardo al mio passato "malaticcio", alle conoscenze mediche olistiche di cui ho iniziato a nutrirmi dall'età di 18 anni grazie al mio mentore Prof. Alessandro Gelli, e alle conoscenze mediche odierne in continua evoluzione, ho deciso, come medico endocrinologo, di dedicarmi in modo concreto alla nutrigenomica applicata all'alimentazione umana, mediante esempi concreti realmente applicabili.

Proprio per questo nei miei primi tre libri *In cucina con la Dottoressa Serena*, *Torna in forma dopo le feste*, *Stai in forma in cucina*, il filo conduttore sono le ricette con alimenti benefici, ma proposti in modo appetitoso, affinché si accantoni il concetto di dieta privativa e sbilanciata di breve durata, per accoglierne il significato più intimo di nutrimento equilibrato di mente, corpo e spirito.

Non sono una persona che soffre di allergie alimentari, non ho mai avuto uno shock anafilattico e sono molto dispiaciuta per tutti i bambini che ne soffrono e per i loro genitori, sapendo quanto si preoccupano. Sono semplicemente, e ribadisco semplicemente, intollerante al lattosio come circa il 70% della popolazione dell'Europa del Sud (7 persone su 10), un'intolleranza che non mi permette di digerire il lattosio (zucchero del latte e derivati) e che mi ha causato anni e anni di disagi, mal di pancia, assenze scolastiche, indagini mediche invasive che non sono mai approdate a nulla; bastava semplicemente valutare la mia capacità genetica di digerire il lattosio invece di consigliare di alimentarmi con latticini e con pasta in bianco (sembra un paradosso). Sono anche intollerante al glutine. Ecco perché, una volta eliminati i latticini, non tutti i miei sintomi sono scomparsi, cosa che è avvenuta solo quando ho drasticamente ridotto il glutine nella mia dieta. Il glutine è la proteina che si forma nel grano a contatto con l'acqua e che è presente in numerosi cereali. Io non sono celiaca, ma ho una bassa tolleranza al glutine, che si manifesta con colite, cefalea e asma; lo evito quindi il più possibile, o meglio non lo consumo abitualmente ma, se dovesse capitare per necessità di assumerlo, so che lo tollererò poco e che dovrò mettere in conto qualche fastidio per alcuni giorni; fastidio di cui riesco a velocizzare la scomparsa grazie ai miei programmi "detox".

Questi sono i motivi fondamentali per i quali in questo libro tutte le ricette sono senza glutine e senza lattosio. In questo modo chi è celiaco o intollerante al glutine troverà tanti spunti sani per arricchire la propria alimentazione e, se circa 7 persone su 10 sono intolleranti al lattosio, anche senza saperlo, queste potranno beneficiare di tante alternative ai latticini, scoprendo sapori nuovi insieme alle proprietà nutrizionali. Chi non è intollerante né all'uno né all'altro potrà invece aumentare il proprio bagaglio culinario con ingredienti nuovi e salutari. Nei miei libri precedenti mi sono dilungata molto sulle problematiche inerenti l'assunzione di latte in caso di intolleranza al lattosio e al glutine. Rimando a essi per approfondire l'argomento, invitando anche a continuare a documentarsi, perché fortunatamente la ricerca delle cause delle malattie prosegue incessantemente e ogni giorno veniamo sorpresi dalle novità.

Aver avuto una salute cagionevole per molti anni mi ha permesso di apprezzare al massimo la mia rinascita come persona e come medico. Essere stata molte volte dalla parte più scomoda della scrivania di uno studio medico, quella del paziente, ha fatto sì che sviluppassi una forma di empatia e una propensione all'ascolto che mi ha creato non pochi problemi e scontri con i colleghi negli anni in cui ho lavorato in ospedale, dove il tempo per i pazienti è poco, l'utenza è tantissima e si devono seguire linee terapeutiche rigide nonché la politica aziendale.

Sono veramente convinta che l'ascolto, il dialogo e il sorriso siano efficaci per comprendere meglio la natura intima di chi è ammalato e che attraverso la consapevolezza dei propri errori si possa porre rimedio a molte situazioni. Tutti gli strumenti medici che abbiamo a disposizione per fare diagnosi e curare dovrebbero essere utilizzati con più coscienza e consapevolezza, ricordandoci che grazie alla tecnologia medica si salvano ogni giorno tantissime vite ma che, per tante patologie, non c'è strumento che sia più efficace dell'ascolto, della comprensione dell'individuo e dell'empatia. Io ne sono un esempio lampante. Se qualcuno mi avesse ascoltata come si deve, quando tentavo di raccontare i miei fastidi, non avrei trascorso anni con coliti dolorosissime che non venivano mai smascherate da esami ematici e strumentali.

Come medico seguo molti bambini e devo dire che mi immedesimo molto in loro e mi prodigo affinché i bambini "malaticci" di oggi diventino gli adulti sani e consapevoli di domani. Molto spesso l'ostacolo più grande per il miglioramento della salute dei bambini sono i genitori, che hanno difficoltà a lasciare andare convinzioni e preconcetti ereditati e che preferiscono, anche per mancanza di tempo, nutrire i propri figli con prodotti confezionati e falsamente pubblicizzati come sani.

Aleggia anche l'opinione che per mangiare bene e in modo sano si debba spendere molto di più. Questo non è affatto vero. Mangiare sano non significa acquistare prodotti già pronti e descritti come biologici o fare la spesa in negozi costosissimi accessibili a pochi: significa saper scegliere in base alle stagioni, in base alle proprie necessità e utilizzare alimenti grezzi o il meno trattati possibile. Significa fare i biscotti in casa in 15 minuti con tre ingredienti sani, piuttosto che acquistarne di già pronti e contenenti grassi idrogenati, zucchero, olio di palma e chissà che altro. Significa conoscere gli alimenti che stiamo per consumare, a cosa servono, che principi nutritivi posseggono e come utilizzarli per stare meglio mangiando senza rinunciare al gusto. Sì, il gusto! *Mangiare bene per stare bene non deve far rinunciare al gusto, al sapore vero degli alimenti, che vanno riscoperti riducendo i sapori artificiali, artefatti e talvolta sintetici che stanno creando un'epidemia di drogati del gusto falso, creando dipendenza psichica.*

Quando sento dire da un genitore che il figlio piccolo e in sovrappeso non può rinunciare a un determinato alimento malsano, gli chiedo chi è stata la prima persona a farglielo assaggiare. Molto spesso gli adulti nutrono i bambini con cibi raffinati e poco sani che vorrebbero mangiare loro stessi, anche se i bambini non ne hanno fatto richiesta, proprio perché non sanno di cosa si tratti. Se un bambino preferisce una merendina confezionata a un frutto, è normale che sia così, perché nella merendina ci sono tante sostanze chimiche che eccitano il cervello a gusti esplosivi che creano dipendenza, mentre nella frutta c'è il sapore della frutta stessa, che non crea assolutamente dipendenza. In questo modo il bambino in questione, messo più volte di fronte alla scelta frutta/merendina, sceglierà sicuramente la seconda, perché ricorda l'effetto euforizzante che gli ha già prodotto e lo vuole replicare.

Si può migliorare la propria vita, lo si può fare concretamente in modo facile ed efficace. Bisogna partire da un presupposto fondamentale: se il modo in cui si è vissuto sino a oggi ha sortito un effetto sulla salute psicofisica che non è soddisfacente, bisogna gettare con umiltà le carte in tavola, rimescolarle, scartarle, sostituirle e trovare la giusta combinazione di tutte le tessere che compongono il mosaico personale di ognuno, per ripartire alla grande, creando giorno per giorno uno stato di salute globale a 360 gradi capace di sostenerci per tutta la vita, con la speranza che sia la più lunga possibile.

Re-Start

Quando comprendi che tutto ciò che sai, tutto ciò che hai fatto, tutto ciò che sei non è sufficiente per guardare oltre, non è abbastanza per farti sentire appagato e soddisfatto, non riesce a farti sentire bene con te stesso, non ti fa vivere in uno stato di benessere psico-fisico, sei inevitabilmente in crisi.

Le crisi non sono sempre negative, fanno parte del percorso di crescita individuale e sottopongono a un "auto-check". Non sto dicendo che devi prenotare una visita da uno specialista per analizzare te stesso, ma che probabilmente dovrai fare un respiro profondo, sederti comodamente, prendere un foglio di carta, una matita e una gomma per cancellare; se preferisci potrai utilizzare il tuo smartphone o il tuo tablet (ma ricorda che se per qualche minuto non vieni attraversato da onde elettromagnetiche ne puoi sicuramente beneficiare) e puoi seguire le indicazioni che troverai di seguito.

Stiamo per fare insieme un piccolo test; io lo utilizzo spesso per me stessa e lo propongo ai miei pazienti durante la raccolta anamnestica, con lo scopo di indagare la loro consapevolezza sulla propria forma psico-fisica. Pronti? Via!

Dividi il foglio a metà con una riga e a sinistra in alto scrivi: "come vorrei essere e come sono". A destra: "come sono e come non voglio essere". Spostati sulla colonna di sinistra, fai qualche respiro profondo e poi:

- Scrivi di getto tre aggettivi che descrivano come vorresti essere sul piano fisico (per esempio magro, muscoloso, tonico, biondo ecc.). Se non riesci a scrivere i tre aggettivi passa oltre.
- Scrivi di getto tre aggettivi che descrivano come vorresti essere dal punto di vista psico-emotivo (per esempio fiducioso, sicuro, determinato ecc.). Se hai difficoltà a focalizzare gli aggettivi passa oltre.
- Scrivi tre dei tuoi pregi fisici.
- Scrivi tre pregi caratteriali.
- Scrivi cosa ti aspetti dalla vita.
- Scrivi cosa stai facendo per ottenere ciò che desideri.
- Scrivi quali sono i tuoi hobby.
- Scrivi quanto tempo dedichi a te stesso.

Adesso passa alla colonna di destra e scrivi di getto il più velocemente possibile:

- tre aggettivi che descrivano come sei sul piano fisico. Se non riesci a scrivere i tre aggettivi passa oltre;
- tre aggettivi che descrivano come sei dal punto di vista psico-emotivo (emozionabile, lunatico, calmo, riflessivo, irascibile ecc.). Se hai difficoltà a focalizzare gli aggettivi passa oltre.
- Scrivi tre dei tuoi difetti fisici (quelli che consideri tali).
- Scrivi tre difetti caratteriali (riferiti da altri o di cui sei consapevole).
- Scrivi come consideri a oggi la tua vita.
- Scrivi se pensi di poter fare di meglio per ottenere ciò che desideri e se stai mettendo in atto azioni di autosabotaggio.

- Scrivi come e quanto dormi (incubi, insonnia, risvegli notturni, ansia, panico ecc.).
- Descrivi il tuo stato di salute fisica e psichica.
- Scrivi quali sono i tuoi cibi preferiti.
- Scrivi a quali cibi non vuoi rinunciare.
- Scrivi se fai tardi la notte, fumi, usi droghe, bevi alcolici e con quale frequenza; se consideri piacevoli o spiacevoli queste abitudini.
- La tua vita sentimentale e familiare è soddisfacente? È un rifugio o una fonte di stress?
- Come vai in bagno? Con difficoltà? Molte volte al giorno? A giorni alterni?
- Ti capita di avere mal di testa? Acne? Prurito? Candida vaginale? Mal di pancia? Meteorismo? Flatulenza? Reflusso gastroesofageo? Gastrite? Dermatite? Mal di schiena? Dolore al collo e ai trapezi?
- La tua libido è normale o è diminuita nel tempo?
- Fai attività fisica? Se sì, per quante volte alla settimana?
- Ti piaci? Ti senti bene?
- Cosa significa per te sentirsi bene?
- Ti senti stressato?
- Cos'è per te lo stress e cosa ti stressa?
- Hai paura di ammalarti? Ti preoccupa lo stato di salute di qualche familiare e temi lo stesso destino?
- Hai predisposizioni familiari per l'ipertensione arteriosa, l'infarto del miocardio, l'ictus cerebrale, le trombosi, il diabete mellito, le malattie della tiroide, i tumori ecc.?

Adesso rileggi tutto ciò che hai scritto sulla colonna di destra.

- Ti rispecchia?
- Hai omesso qualche informazione?

Ora leggi ciò che hai scritto a sinistra.

- Ti sembra così difficile da raggiungere?
- Quali ostacoli hai individuato?
- Sei in grado di affrontarli da solo?
- Sai individuare le tue priorità?

Compila una lista delle priorità e scegline cinque in ordine d'importanza. Possono essere priorità con obiettivi da raggiungere a breve, medio o lungo termine.

Cerco di agevolarti con la tabella delle priorità riportata qui sotto (ma puoi crearne una del tutto personalizzata). Scrivi a matita, così puoi spostare a tuo piacere le priorità a seconda del periodo in cui le stai ottimizzando e gestendo, e in base al raggiungimento dei tuoi obiettivi.

Non siamo tutti uguali. Puoi seguire queste indicazioni, ma ovviamente puoi aggiungere elementi che per te hanno maggiore rilevanza.

Tabella delle priorità

	Breve termine	Medio termine	Lungo termine
1			
2			
3			
4			
5			

Bene! Adesso che hai messo nero su bianco quella che secondo te è la tua situazione oggettiva, sei pronto per decidere se è giunto il momento di ricominciare a vivere gestendo la mente e il corpo, annullando e riducendo i tuoi fastidi per iniziare veramente a sentirti bene.

Forse ancora non lo sai, oppure sì, e quindi parti in vantaggio in questa opera di "Re-Start": la maggior parte delle difficoltà che hai sono legate a ciò che succede nel tuo corpo quando ti alimenti.

Mangiamo ogni giorno della nostra vita da quando veniamo al mondo.

Ci sono intere popolazioni che non hanno cibo a sufficienza e ci siamo noi che abbiamo cibo in abbondanza. Lo troviamo ovunque: bar, ristoranti, negozi. Sempre pronto in confezioni o presentazioni invitanti, ci tenta anche quando non siamo affamati o abbiamo già mangiato a sufficienza.

Basta allungare una mano sullo scaffale di un supermercato e il cibo preconfezionato è già nella nostra bocca, nel nostro stomaco, nel nostro intestino che, giorno dopo giorno, incessantemente estrae, elabora, riconosce, contesta il cibo introdotto, ci difende dalle tossine, ci avvisa che qualcosa non va, si arrabbia, si emoziona, ricorda gli errori per poi lanciare un grido d'aiuto come meglio sa fare: con il dolore, con il gonfiore, con il disagio, con l'infiammazione, con i segnali di intossicazione, con ripercussioni sistemiche come il mal di testa, le dermatiti, le artriti, l'insonnia, l'irritabilità ecc. Urla ogni giorno perché viene trattato come un tubo-filtro di carico e scarico, simile a quello di una lavastoviglie o di una lavatrice, dove i filtri non vengono mai puliti e la manutenzione viene fatta molto di rado o fino a che non c'è un malfunzionamento, cioè quando il bucato e le stoviglie restano sporchi. Succede qualcosa di simile nel nostro intestino e nel nostro corpo.

Purtroppo una delle radici del nostro malessere, nella società del benessere, risiede nel luogo che accoglie il risultato dell'avere tutto, troppo e sempre a disposizione: l'intestino.

Cosa significa Re-Start?

Re-Start significa "ricominciare"; ricominciare, è una sorta di sinonimo di "reset", riavviare. Start, reset e riavviare sono termini che utilizziamo ogni giorno e che leggiamo sui nostri dispositivi elettronici. Senza troppi giri di parole, sappiamo esattamente cosa significano in base al contesto. Trovo Re-Start immediato e di facile comprensione.

Nell'ambito della salute significa che acquisisci la consapevolezza della tua situazione, che puoi ricominciare a stare bene, a sentirti bene, resettando gli errori, inserendo nel tuo inconscio e nelle tue abitudini quei "software" idonei a potenziare le tue abilità psico-fisiche, la tua forza, la tua resistenza, riducendo e cercando di annullare il più possibile i punti deboli, le cattive abitudini nonché lo stress evitabile.

Non significa assolutamente che devi o che puoi cambiare integralmente. La tua genetica e il tuo vissuto hanno lasciato un segno, non c'è dubbio. Puoi lavorare su te stesso per stare in salute il più possibile ed essere efficiente nella vita e nel lavoro ottenendo grandi soddisfazioni personali. Certo qualche anno fa sarebbe stato impensabile concepire un ruolo del "cervello pancia" e dei suoi abitanti (il microbiota) nello stato di benessere psico-fisico, ma i dati scientifici di cui oggi disponiamo ci mostrano, praticamente in modo inequivocabile, ciò che gli antichi medici, senza sequenziatori di DNA, avevano già compreso: il cibo, il nutrimento vitale, è ciò che ci tiene in salute ma è anche ciò che ci fa ammalare. Esso viene processato, scomposto, accettato o rifiutato proprio nell'intestino, non altrove.

time to feel good

"Time to feel good", è tempo di sentirsi bene, mi piace molto come concetto. Lo sento molto mio perché lavoro ogni giorno su me stessa per stare meglio, così come nel mio lavoro di medico cerco di aiutare le persone a fare altrettanto, attraverso un processo attivo che non prescinde dalla consapevolezza di sé.

È un concetto che ha a che fare con la propensione al miglioramento, all'evoluzione, all'adattamento, alla resilienza, che è la capacità individuale di far fronte agli stimoli stressanti e agli eventi in modo propositivo, costruttivo ed efficace.

Il mio sistema "Re-Start – Time to Feel Good" ha a che fare in modo figurato con la ninfea, con il fior di loto.

La ninfea (ne esistono numerose specie) è una pianta acquatica radicante perenne. Affonda le sue radici nei fondali fangosi (elemento terra) e il suo fusto rimane sommerso in acqua per terminare nelle foglie che galleggiano (elemento acqua e aria); queste hanno caratteristiche diverse, interfacciandosi da un lato con l'acqua (ricoperte da uno strato ceroso impermeabile) e dall'altra con l'aria. Le foglie contengono antocianina, un glucoside privo di azoto che ha la funzione di convertire i raggi solari in calore (elemento fuoco). L'infiorescenza è formata da grandi fiori che generalmente si aprono durante il giorno solo a cielo sereno e le corolle hanno un numero di petali variabile. Perché ho scelto la ninfea come simbolo? La ninfea nasce dalla terra; protesa verso l'alto e verso il futuro affronta le difficoltà, il peso della vita (l'acqua e i suoi abitanti) e con tutta la sua forza getta una piattaforma stabile al confine fra acqua e aria per schiudere i suoi petali verso il cielo (aria-etere).

Trovo ci siano molte similitudini tra il processo di consapevolezza e il mio sistema Re-Start: la volontà di piantare fortemente le proprie radici e costruire un futuro solido, in salute e sentendosi bene.

Ha a che fare con ciò che mangiamo, con la vita che conduciamo, con la modalità di fronteggiare gli eventi e lo stress, con la nostra capacità di adattarci, di sopravvivere, di crescere, di cambiare, di migliorare.

Non è possibile scindere il nutrimento dall'efficienza intellettiva e mentale: è tempo di iniziare ad accettare che siamo un'unità meravigliosa e complessa costituita di mente-corpo-spirito.

Se nutriamo in modo inadeguato il corpo, anche la mente e lo spirito vacilleranno, si ammaleranno e non ci faranno esplorare e sviluppare il nostro potenziale. Sarebbe veramente uno spreco.

Con Re-Start avrai la possibilità di ripulire il tuo corpo dalle tossine, ridurre gli effetti degli inquinanti, migliorare il tuo sistema immunitario, imparare ad ascoltare il tuo corpo, gestire le tue energie, le tue risorse e contrastare lo stress.

Io lo utilizzo in prima persona e ne sono entusiasta. Sembrano veramente lontani i tempi in cui mi sentivo sempre stanca, affaticata, "ingolfata", volenterosa ma frenata nel raggiungere i miei obiettivi da uno stato di malessere di sottofondo.

Quando riparti alla grande, conoscendo le tessere del tuo mosaico personale, sei anche propenso ad accettare nuove sfide, a far crollare le convinzioni radicate e ad accogliere nuove soluzioni.

Quando stai bene, quando ti senti bene, la mente è più aperta e ricettiva, e sei più incline all'apprendimento e all'efficienza.

Se stai bene è tutto più facile, tutto meno stressante, tutto più gestibile, e riconosci l'importanza di ritagliarti dei momenti, seppur piccoli, solo per te, per ricaricare le energie, eliminare le tossine fisiche e psichiche, e sai che non devi lasciarti intaccare da questa società che ti stritola e ti spreme dandoti veramente poco in cambio.

La tua vita è preziosa: devi averne cura!

Il metodo
RE-START

Re-Start
Cosa Ripulire
cibo
ambiente
mente

Per ricominciare devi sapere cosa ripulire

Profumo d'erba appena tagliata, di pioggia che bagna la terra, di un frutto appena sbucciato, di un campo in fiore, del vento fresco e inebriante... stop... rewind... riavvolgi tutto... purtroppo è solo una visualizzazione, molto realistica, di ciò che in città potevi odorare e vedere forse mezzo secolo fa e che magari hai la fortuna di conoscere se vivi in campagna, in montagna, al mare e in zone a bassa densità di popolazione.

Mentre scrivo e viaggio con la mente nei luoghi privati che ognuno di noi dovrebbe avere per staccare la mente dallo stress, battuta dopo battuta sono accompagnata da tutt'altro sentore.

Vivo a Roma, in una zona che ha ancora molto verde, ma gli odori che entrano dalla finestra sono veramente allarmanti.

C'è l'odore dei prodotti per la disinfestazione che sono stati vaporizzati qualche giorno fa nel mio quartiere (non ho capito contro cosa, perché il cartello con l'avviso non lo comunicava), l'odore dello smog, degli scarichi gassosi delle automobili, l'odore forte dell'ammorbidente del bucato appena raccolto che copre per qualche secondo l'odore dell'aria di città (ma non scordiamoci che la maggior parte dei detergenti sono tossici), l'odore di fritto che arriva da un ristorante che dista circa 300 metri dalla mia finestra, l'odore dell'aria filtrata miliardi di volte dagli impianti di ventilazione, uno strano odore di medicinale sul frutto comprato al supermercato (perché non ho avuto tempo di andare al banco del contadino). Lo sto sbocconcellando mentre scrivo e penso che questo odore-sapore probabilmente è un residuo di un antiparassitario... Io mi chiedo: se i diserbanti e simili che vengono somministrati alle coltivazioni necessitano che gli addetti ai lavori indossino tute di sicurezza con relative maschere, perché sono tossici da respirare, quanti veleni siamo costretti a ingerire per poterci nutrire? Devo dire che la lista degli odori malsani e dei sapori innaturali è veramente molto lunga e piuttosto sconfortante; basta rammentare il retrogusto dell'acqua in bottiglia, del pranzo conservato nel lunch box, della carne e della frutta confezionata (bisogna fare attenzione al bisfenolo rilasciato dalla plastica, che è altamente tossico) ecc.

Chi ha la mia età e magari qualche anno in più, durante il periodo dell'infanzia avrà giocato, ogni pomeriggio dopo la scuola, in strada, nei giardini, sbucciandosi le ginocchia, i gomiti e quant'altro, ma felice di essere libero all'aria aperta finché al tramonto non veniva richiamato in casa.

I bambini di oggi nascono con lo smartphone in mano, non sanno cosa sia la natura, non si sporcano di terra, erba e fango, non si sbucciano le ginocchia; sono sicuramente più intelligenti e svegli rispetto alle generazioni precedenti, ma sono molto più malati. Sono intossicati sin dal concepimento, vivono in città inquinate, mangiano cibo inquinato, raffinato (questo termine lo fa sembrare più prezioso; in realtà è vero il contrario, perché è un cibo privato di vitamine, minerali, fibre ecc.), vengono nutriti in modo improprio, sono in sovrappeso, sono molto stressati per la scuola, per le innumerevoli attività anche fisiche ma svolte prevalentemente al chiuso; sono figli di genitori a loro volta stressati, irascibili, scontenti, esausti.

Non basta dare un colpo di spugna per ripulire e ricominciare. Bisogna prima capire cosa pulire e se effettivamente questo sia possibile.

Siamo esposti, giorno dopo giorno, a tantissimi inquinanti e tossine. Non possiamo evitarli completamente, anche perché non abbiamo il controllo su tutto. Un fatto però è certo: le malattie della società del benessere sembrano colpire persone sempre più giovani. Un tempo malattie come il diabete mellito, l'ipertensione, l'infarto e altre patologie croniche erano appannaggio dell'età avanzata. Oggi sono sempre più numerosi i giovani che ne soffrono, per non parlare dell'epidemia di obesità e sovrappeso infantile, anche se le famiglie vivono condizioni economiche disagiate e non possono spendere molto per l'approvvigionamento del cibo (vuol dire che c'è qualcosa che non va nel cibo, non c'è dubbio). Per spiegare tutto ciò bisogna pensare che dev'essere cambiato qualcosa nell'equilibrio fra noi e il mondo in cui viviamo.

C'è un problema silente che si sta diffondendo in modo virale e che difficilmente può essere smascherato da analisi specifiche e non è, a oggi, oggetto di interesse per chi fa studi clinici: tantissime persone che non hanno problemi di salute così evidenti da indurle a recarsi in ospedale o dal medico lamentano stanchezza, sbalzi d'umore, malattie influenzali e raffreddori recidivanti, gonfiore addominale, stipsi, prurito, dermatiti ecc.

Queste persone considerano il loro stato normale, dal momento in cui viene loro detto che non hanno nulla di anomalo, e si abituano a vivere così. È aberrante.

Come si può vivere continuamente infastiditi da un corpo che non è efficiente e lancia continui segnali di anomalie?

Si vive male; nel tempo, prima o poi, il corpo si ribellerà, non riuscendo più a compensare ciò che non va, e arriveranno le malattie.

E se stessimo male perché il mondo in cui viviamo e con cui ci interfacciamo ogni giorno è a sua volta malato? Sappiamo tutti che abbiamo contribuito, chi più chi meno, ad alterare l'equilibrio della Terra. Ogni giorno sentiamo notizie allarmanti sul riscaldamento globale (che è l'equivalente della febbre che può colpire un essere umano), sugli smottamenti, i terremoti, le alluvioni, gli uragani, gli sbalzi termici improvvisi, con maggio che sembra novembre per poi diventare agosto pochi giorni dopo, febbraio che sembra ottobre e così via. Così com'è cambiata la Terra, siamo cambiati noi, i suoi abitanti. Siamo stati i suoi carnefici e adesso paghiamo un conto molto salato. Quando ci intossichiamo inalando aria inquinata e assumendo cibo non sano, avveleniamo il nostro corpo che ogni giorno, con fatica, cerca di mantenerci in equilibrio consumando molte energie. Ci sentiamo stanchi, demotivati, depressi, irascibili, stressati.

Per rimettere in moto un processo di disintossicazione, bisogna capire cosa ci intossica e valutare come agire per limitare i danni. Bisogna avere una mente aperta e considerarci un tutt'uno con l'ambiente che ci circonda e con la Terra su cui viviamo perché, se curiamo solo noi stessi incuranti dell'ambiente, senza apportarvi modifiche, otterremo solo una ripulitura parziale e superficiale.

Quando lavoravo in ospedale, il termine tossicità era utilizzato per indicare condizioni di avvelenamento per le quali la maggior parte delle volte esiste, fortunatamente, un antidoto.

Devo dire però che ho sempre considerato tossico e malsano il clima interno delle corsie ospedaliere. Finestre sempre chiuse, ventilazione interna d'estate e d'inverno, odore di disinfettanti e tanto altro. Ho sempre tentato di aprire le finestre e sono sempre stata guardata in malo modo per questo: sembrava assurdo favorire il cambio d'aria facendone entrare un po' ossigenata. Ho sofferto di mal di testa per tutti gli anni in cui ho lavorato in ospedale. Il mal di testa è scomparso quando ho deciso di dedicarmi alla libera professione e sono stata padrona di scegliere come arieggiare gli ambienti in cui lavoro. Questo è per rimarcare quanto siamo bloccati dai preconcetti, dalle definizioni, dalle abitudini e come possa essere soggettivo considerare tossica una cosa e non un'altra.

Fortunatamente e finalmente la medicina funzionale sta raccogliendo larghi consensi da parte degli utenti e di molti colleghi. Siamo in pochi a occuparcene rispetto alla moltitudine di medici che le università hanno formato, ma almeno è un inizio.

La medicina funzionale si occupa veramente dell'uomo nella sua unicità e globalità, fondendo il pensiero e le conoscenze orientali con il pensiero e le conoscenze occidentali, cercando di ripristinare l'equilibrio unico e personale dell'individuo, senza porre limiti alle ipotesi, alle supposizioni, alle possibilità di comprensione.

La tossicità esiste e la medicina funzionale la contempla. Ma cosa provoca la tossicità globale? Che cos'è?

Probabilmente è un fenomeno antievolutivo. Si dice sempre che sopravvive chi si adatta. Chi si adatta è più forte e sviluppa nuove capacità. Chi si ammala non riesce a compensare gli stimoli stressanti; chi si sente stanco e debole pur non avendo malattie manifeste probabilmente è intossicato e il corpo non vuole e non deve adattarsi a questo male silente e lancia segnali di allarme. I segnali rimasti inascoltati conducono inevitabilmente alla malattia, alla perdita di performance, all'inefficienza. Ecco perché probabilmente la tossicità è antievolutiva: non fa sì che si inneschi la resilienza, è un cancro a lenta evoluzione che mira alla sua sopravvivenza.

I medici orientali erano e sono molto attenti ai segni di tossicità generale non derivante da un unico agente tossico, cosa che non viene insegnata ai medici in Occidente. Prima di scrivere questa frase ho ricontrollato su uno dei più rinomati testi di semeiotica medica occidentale come cercare e riconoscere i segni di tossicità multifattoriale: non ho trovato nulla.

I miei pazienti sanno che ho una formazione personale relativa alla medicina orientale e non si sorprendono per le domande apparentemente bizzarre che pongo loro. Controllo lo stato della lingua, il colore delle sclere, le unghie, chiedo informazioni sui movimenti intestinali, sull'aria emessa e sul suo odore, che tipo di pensieri ricorrenti fanno (anche i pensieri possono essere tossici), com'è la qualità del sonno, se ci sono risvegli notturni e in quali ore, in che tipo di ambiente lavorano, vivono ecc. Perché il corpo parla e palesa il suo disagio così come anche lo stato di salute: bisogna saper ascoltare umilmente e, laddove non si è preparati, studiare e approfondire. I medici di una volta, quelli che erano più vicini al passato che al presente, sapevano bene quanto fosse importante favorire la disintossicazione e in caso di malattie debilitanti, lunghe e di difficile risoluzione, suggerivano purghe, assunzione di olio di ricino e spingevano in ogni modo conosciuto la catarsi, affinché il corpo si potesse liberare di quel mostro invisibile che attanagliava la salute.

Bene! Se dobbiamo ripulire per ricominciare, forse dovremmo capire cos'è una tossina in senso generale.

Una tossina è ciò che interferisce con la fisiologia umana normale (ovvero con il funzionamento del corpo e della mente) e che ha un impatto negativo e deleterio sullo stato di salute alterando le funzioni del corpo.

Le tossine possono essere di varia natura: endotossine (prodotti di scarto del metabolismo delle nostre cellule come l'acido urico ecc.), esotossine o xenobiotici prodotti artificialmente dall'uomo (pesticidi, conservanti, ftalati, benzene, coloranti, fragranze, parabeni, farmaci ecc., contenuti in prodotti che utilizziamo ogni giorno come le creme, i prodotti per l'igiene personale, il trucco, i detersivi, il cibo).

Veniamo a contatto con le tossine continuamente e a più livelli attraverso la pelle, l'apparato respiratorio, le mucose e soprattutto l'intestino, le cui pareti sono ricoperte da talmente tanti villi e microvilli che se fossero estesi riuscirebbero a coprire la superficie di un campo da tennis... incredibile! Ma c'è un altro strato sopra la pelle che è portatore di tossicità: l'abbigliamento. Molto spesso i coloranti, i detersivi, gli ammorbidenti, i profumi contengono sostanze chimiche tossiche. Infatti, se leggi l'etichetta del detersivo che stai utilizzando, puoi accorgerti che riporta alcune precauzioni di utilizzo e il divieto di ingestione e, nel caso accadesse, l'indicazione di rivolgersi urgentemente a un medico o al centro antiveleni. Ebbene sì, lavi i tuoi vestiti con qualcosa che è tossico e pericoloso, lo faccio anch'io quando non trovo detergenti biodegradabili e il più naturali possibile. Dunque, anche risciacquando per bene il bucato, molte sostanze chimiche rimangono fra le fibre di tessuto (lo testimonia il buon profumo di pulito anche se, a rigor di logica, il pulito non dovrebbe avere odore). Non parliamo poi degli indumenti sintetici, delle calzature di plastica, ma anche della concia delle pelli, degli indumenti ignifughi grazie alla formaldeide: siamo circondati dalle tossine. Alcune le possiamo evitare, altre purtroppo no, ma senza essere estremisti ed esagerati, possiamo cercare di capire come evitare l'evitabile. Dovremmo ripulire dagli agenti tossici anche la nostra casa, l'ufficio, la macchina, fare attenzione ai prodotti per la pulizia e la profumazione. Dovremmo arieggiare spesso le stanze, soprattutto d'inverno, per ridurre la quantità di radon che si accumula in casa e in ufficio.

Sicuramente nel nostro piccolo possiamo arrivare a fare grandi pulizie dentro noi stessi e nell'ambiente circoscritto in cui viviamo e lavoriamo, ma molto difficilmente, se non uniti in grande massa, potremmo fare qualcosa per l'atmosfera intorno alla Terra. Possiamo evitare di lasciare carta e plastica per le strade, possiamo smaltire correttamente i rifiuti, ma non possiamo correggere da soli l'inquinamento terreste. Servirebbe un'azione di massa per fare ciò, e non è detto che ci si riesca; forse da parte di molti non c'è nemmeno un reale interesse affinché si ripristini un equilibrio.

C'è un'altra forma di tossicità dalla quale possiamo ripulirci in parte: la tossicità elettromagnetica.

L'elettromagnetismo è un fenomeno noto e reale. Le linee elettriche, le linee telefoniche, i computer, gli smartphone, gli elettrodomestici ecc. emettono un campo elettromagnetico più o meno forte che influenza le nostre onde cerebrali e la nostra attività elettromagnetica a causa della magnetite presente nel nostro sistema nervoso. Un eccessivo campo elettromagnetico può provocare sbandamenti, emicranie, deficit di apprendimento, nausea, insonnia. Esistono persone particolarmente suscettibili a questo fenomeno che possono arrivare ad avere crisi epilettiche, come dimostrato da diversi studi scientifici.

Viviamo continuamente attraversati dai campi elettromagnetici. Se il nostro cervello avesse un'interfaccia idonea (un giorno forse l'avremo e chissà se sarà un bene), potremmo accedere a internet senza computer, ma direttamente nella nostra mente, perché il web ci circonda e ci permea anche quando non siamo connessi con un dispositivo elettronico.

È strabiliante ma anche allarmante. Forse dovremmo passare meno tempo con il cellulare in mano e riscoprire il piacere di leggere un libro e di scrivere sulla carta.

Quando si pensa al ripulire, automaticamente si pensa al dover rinunciare a qualcosa. Credo non ci si debba mai dimenticare che, per quanto possibile, esiste il libero arbitrio. Per quanto possibile, perché per esempio il singolo individuo non può scegliere se l'olio di palma (notoriamente tossico e cancerogeno) può far parte degli ingredienti di molti tipi di biscotti che trova al supermercato, ma può scegliere se acquistarli oppure no, e così per tanti altri esempi.

Avere consapevolezza della tossicità che ci permea e non fare come gli struzzi, che nascondono la testa sotto la sabbia, è già un passo avanti verso il processo di detossinazione e "Re-Start".

Quando si sente al telegiornale che sono state segnalate, multate o bloccate partite di cibo avariato, contaminato ecc., forse bisognerebbe prestare maggiore attenzione a ciò che si decide di acquistare e mangiare. Molto spesso le carni sono ormonate e questo può spiegare la ginecomastia nei bambini e nei maschi adulti nonché i tanti casi di pubertà precoce, cellulite e sovrappeso nelle bambine; il pesce è inquinato da mercurio e idrocarburi; le verdure e la frutta vengono inondate da pesticidi, diserbanti, antibiotici, antiparassitari; l'acqua può avere residui di arsenico, troppo cloro e nitriti.

Insomma, è un vero dilemma!

Non c'è praticamente nulla che si salvi al 100%.

Benché qualcuno possa cercare di farci credere che al giorno d'oggi si possa vivere, in una città metropolitana, una vita priva di tossine interne ed esterne, dubito fortemente che si possa avere il controllo su tutto, visto che non sappiamo nemmeno dove inizi e dove finisca questo tutto. Se potessimo vivere in un luogo ideale e immaginario, probabilmente ci potremmo riuscire. Ma siamo realisti. La maggior parte di noi si alza ogni mattina, fa più o meno colazione, esce per andare al lavoro, prende la macchina o i mezzi pubblici e respira aria inquinata. Va in ufficio, dove la ventilazione meccanica in estate e in inverno è sempre attiva, con i filtri che andrebbero puliti molto più spesso. Mangia ciò che capita o ciò che decide ma senza poter avere un controllo assoluto sugli ingredienti. Esce dall'ufficio, si ritrova nel traffico, va al supermercato, torna a casa, cena, va a dormire in una stanza che forse è stata chiusa tutto il giorno, fra lenzuola lavate con detergenti tossici, mentre guarda la televisione che emette un campo elettromagnetico e con lo smartphone sempre acceso riposto sul comodino vicino alla testa. Sembra impossibile sfuggire alla tossicità di massa, ma si può evitare la tossicità che ci procuriamo con le nostre azioni.

Io tendo a cercare l'equilibrio attraverso il compromesso accettabile e la moderazione nelle scelte. I tagli radicali in un senso o nell'altro sono sempre stressanti e non apportano mai reali benefici. Non possiamo vivere sotto una campana di vetro. Dobbiamo adattarci a vivere nel migliore dei modi contrastando il più possibile i nemici noti, ma senza stress.

Scegliamo detergenti biologici, evitiamo i profumi sintetici, cerchiamo un mercato rurale dove acquistare la frutta e la verdura, cerchiamo prodotti animali certificati come biologici (se non riusciamo a fare a meno della carne), teniamo pulito l'intestino, colmiamo le carenze vitaminiche e minerali, impariamo a respirare nella maniera corretta per facilitare l'eliminazione del pulviscolo atmosferico e dello smog, scegliamo alimenti integrali e magari riduciamo anche un pochino il consumo di cibo, se siamo in sovrappeso. Fare del terrorismo psicologico sulla pericolosità di ciò che ci circonda porta inevitabilmente al fallimento del "reset", perché non è possibile annullare il contatto con tutte le tossine conosciute e sconosciute. Bisogna conoscere per capire e bisogna capire cosa si è in grado di fare per se stessi e per i propri cari al fine di migliorare la qualità della vita.

Quando si inizia Re-Start, si riscopre una seconda giovinezza, anche se all'anagrafe si ha un età biologica che è ancora giovanile.

Tutti i miei nuovi pazienti, quando mi vedono per la prima volta, esclamano all'unanimità: "Ma quanto è giovane!".

Ebbene, può sicuramente far piacere sentirsi dire che l'aspetto è giovanile, ma l'affermazione potrebbe far pensare che a esso coincida poca esperienza. Eppure ho due specializzazioni (Endocrinologia-Diabetologia e Medicina delle Cefalee), mi occupo di nutrigenomica applicata e sono docente alla Sapienza, Università di Roma, nei Corsi di Formazione e Alta Formazione in Metodologie Anti-Aging e Anti-Stress. Sono lieta dell'aspetto salutare che ho, perché è frutto di un lungo lavoro su me stessa. A quarant'anni, dimostrarne meno di trentacinque è segno di benessere psico-fisico. Mi occupo di medicina anti-aging e anti-stress e per prima ne usufruisco mediante il mio sistema Re-Start, l'alimentazione e l'integrazione biotipizzati, l'allenamento, la meditazione, la consapevolezza e lo studio.

Il secondo cervello o cervello pancia: il GUT

Ho sentito parlare per la prima volta del cervello pancia più di vent'anni fa, quando ho iniziato il mio percorso, parallelo alla medicina occidentale, nel vasto mondo della medicina orientale e in particolare di quella indo-tibetana. Un percorso parallelo che nel tempo si è fuso e integrato perfettamente con le conoscenze occidentali, fornendo quel supporto e quel *quid* in più che alla medicina convenzionale purtroppo manca.

Non avrei potuto chiedere di meglio. Se non avessi ricevuto un'istruzione in tal senso, oggi sarei abbrutita dalla medicina occidentale a catena di montaggio e non sarei felice di svolgere la mia professione. Lo dico con certezza assoluta perché nei numerosi anni in cui ho lavorato in ospedale, non potendo integrare ufficialmente nel lavoro quotidiano le conoscenze orientali che avevo acquisito, mi sentivo annichilita dall'impotenza di fronte alla mancanza di dialogo, di empatia, di tempo, alla facilità con cui si prescrivevano farmaci anche per contrastare gli effetti collaterali di altri farmaci, a quanto poco si prestasse attenzione alle emozioni, alle manifestazioni psico-fisiche nonché all'alimentazione.

Il lavoro in ospedale non faceva per me e il mio corpo lo urlava forte e chiaro con mal di testa, colite, scoraggiamento, irritabilità, emozioni contrastanti e altro. Non potevo continuare così, mi stavo ammalando per la frustrazione di non potermi occupare delle persone a 360 gradi. In ospedale si salvano vite ogni giorno da malattie gravi e dal pericolo di morte, questo è indiscutibile. Io però preferisco aiutare le persone a non ammalarsi e a stare in salute il più a lungo possibile.

Ho deciso di camminare da sola lasciando il lavoro in ospedale e proseguendo sul sentiero della medicina funzionale (che oggi viene definita così ma dovrebbe essere l'unica medicina), nata dalla fusione della medicina orientale e occidentale. La mia vita è cambiata radicalmente in meglio.

Sino a qualche anno fa, la medicina occidentale considerava l'apparato digerente, e in particolare l'intestino, come un estrattore di nutrienti e un escretore di rifiuti. Un apparato che si ammala di gastrite, ulcere, polipi, cancro, colite ulcerosa, colon irritabile ecc.

Proprio il colon irritabile ha sempre attirato la mia attenzione, anche per motivi personali, e non mi sono mai accontentata di questa definizione generica. Irritato da cosa? Perché irritato in alcune persone e in altre no? Che ruolo hanno le emozioni in questa patologia? Perché le persone ansiose o depresse tendono a soffrirne maggiormente? Che ruolo ha il cibo nell'irritazione colica?

Credo di aver posto decine di volte queste domande quando ero ancora una studentessa di medicina e ho ricevuto tanti di quei sorrisi sarcastici da aver perso il conto.

Fortunatamente, potevo approfondire gli aspetti psico-fisici ed energetici del secondo cervello attraverso la medicina orientale.

Ma che cos'è il secondo cervello, il cervello pancia?

Se immaginiamo il cervello, immediatamente pensiamo agli esseri senzienti, al ragionamento, al pensiero, alla logica, alle emozioni, alla vita. Allochiamo tale funzione all'interno della scatola cranica. Quindi cosa c'entra il cervello con la pancia? C'entra, eccome.

Ti è mai capitato di avere dei crampi addominali in caso di emozioni forti? O di dover correre in bagno prima di un esame importante? O di sentire che qualcosa che stai per mangiare non ti fa bene, anche se ti piace, perché in passato hai avuto mal di pancia dopo averla mangiata? Con molta probabilità almeno una di queste manifestazioni l'hai avuta.

Eppure l'emozione, l'ansia da prestazione, i ricordi sono collocati nel cervello, di questo ne sei certo; ma come mai manifesti sintomi eclatanti a livello dell'addome?

Molto semplice! *La tua pancia pensa, ricorda, si emoziona, si arrabbia, ti difende, ti allarma e si ammala se non l'ascolti.*

Per la medicina orientale questo è noto da migliaia di anni e il centro dell'addome, chiamato *manipura chakra* (chakra: centro energetico, ruota della vita e delle energie in movimento), o plesso solare, legato all'elemento fuoco, è il controllore nonché il direttore d'orchestra dell'assimilazione, del riconoscimento e quindi della memoria, del rifiuto, delle emozioni terrene. È una bussola che indica la direzione in cui si sta andando e se questa è giusta o sbagliata. Non c'è da sorprendersi, quindi, se finalmente la medicina occidentale attribuisce l'appellativo di secondo cervello o cervello pancia all'apparato digerente. Tutto torna. Ecco perché, se il nostro intestino sta male, siamo inefficienti, scoraggiati, arrabbiati, persi. Se ci fratturiamo una gamba, possiamo continuare a fare la nostra vita, seppur con qualche limitazione. Se abbiamo crampi addominali, diarrea, nausea, stipsi ostinata, sanguinamenti rettali, gastrite, la nostra vita si complica e diventa veramente difficile arrivare alla fine della giornata in buone condizioni psico-fisiche.

Cosa ha a che fare il cervello pancia con il "Re-Start"? Senza sapere come funziona il secondo cervello, come si ammala e come si disintossica, non è possibile ripartire; fermo restando che siamo poco più che agli inizi della comprensione a 360 gradi di come funziona il nostro corpo in toto. Ogni giorno scopriamo qualcosa, in modo razionale e scientifico, confermando quello che per le antiche scienze millenarie orientali era già assodato.

Il secondo cervello, o cervello pancia, oggi viene denominato GUT dalla comunità scientifica. La traduzione letterale dall'inglese è intestino, budello.

Ma da cosa è formato il GUT? È solo un tubo di carico e scarico?

Senza entrare nel dettaglio istologico, possiamo distinguere nel GUT varie parti con relative funzioni:

- Tubo digerente.
- GALT (tessuto linfatico associato al GUT).
- Microbiota (flora batterica intestinale).
- Sistema nervoso intestinale (SNI).

Tutto ciò che bevi e mangi entra in intimo contatto con la parte più esterna dell'interno di te stesso. Che sia acqua pura o inquinata, cibo sano o cibo spazzatura, ogni volta che deglutisci porti all'interno di te ciò con cui hai scelto di nutrirti. Il tubo digerente inizia dalla bocca, prosegue nell'esofago, nello stomaco, nel duodeno, nel tenue, nel colon e nel retto terminando all'ano, ma coinvolgendo nel suo funzionamento anche il fegato e la cistifellea nonché il pancreas. È un raccoglitore, demolitore, estrattore, elaboratore, escretore di tutto ciò che ingoiamo: cibo ma anche emozioni.

IL GUT

TUBO DIGERENTE

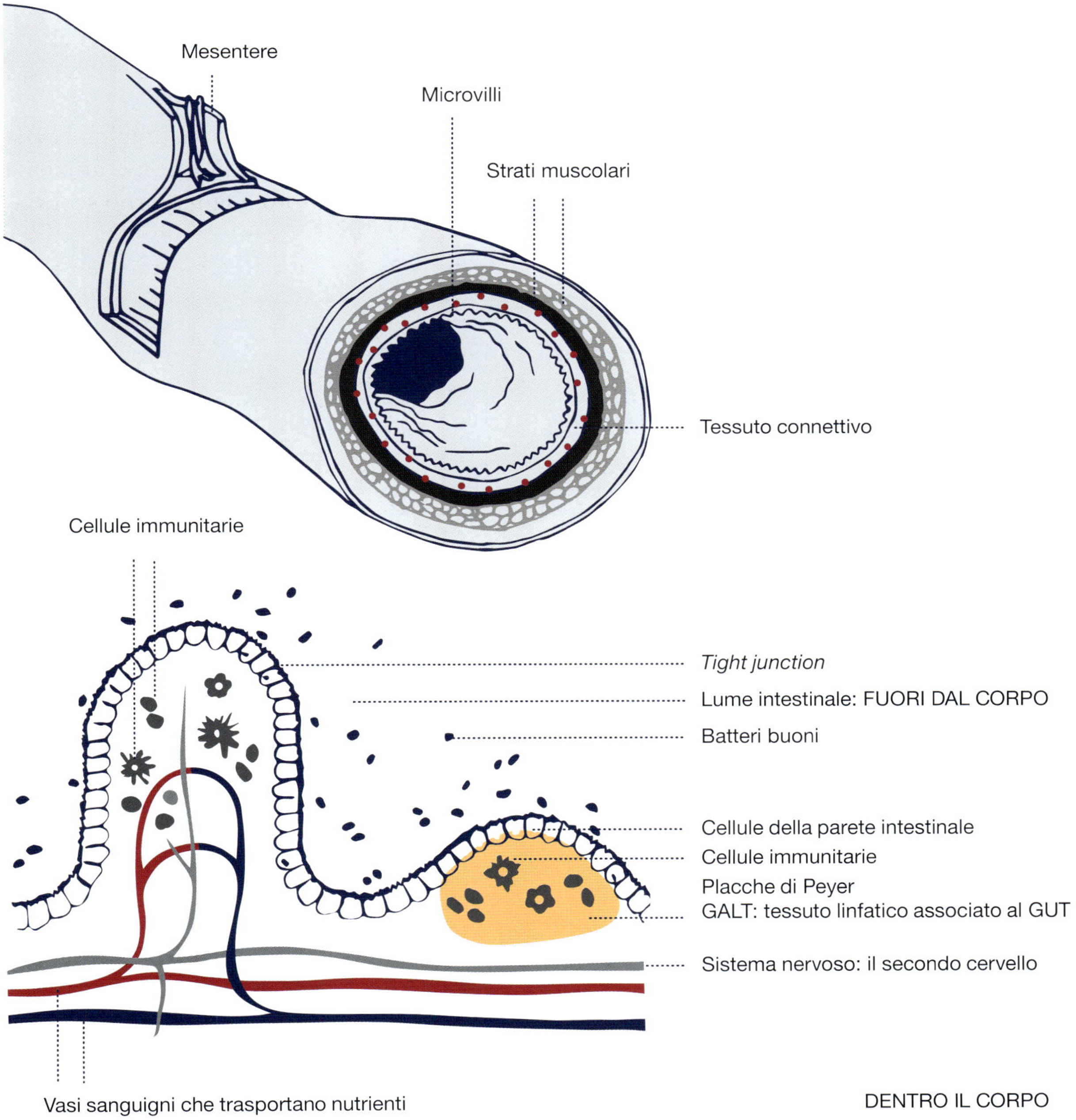

Fino a qualche tempo fa, per la medicina occidentale, l'apparato digerente era solo questo: un tubo! Estremamente riduttivo, ma forse è anche per questo motivo che per troppo tempo si è prestata poca attenzione alla qualità e alla quantità degli alimenti necessari per vivere bene, in forma e in salute.

Il cibo che ingeriamo viene a contatto con la superficie esterna del nostro interno. Sembra un giro di parole ma è esattamente ciò che avviene. Per avere il consenso ad arrivare nel sangue e da lì alle cellule di tutto il nostro corpo, il cibo deve sottostare a una sorta di ispezione e "controllo doganale", nonché scomposizione e smistamento, a livello della parete intestinale. Dunque, anche se è situata all'interno del nostro corpo, la parete dell'intestino è all'esterno rispetto al sangue, alla linfa e agli altri organi. Per superare la parete, quindi, il cibo viene passato attentamente al vaglio, deve essere riconosciuto, scansionato, approvato o scartato. Insieme al cibo, però, ingeriamo sostanze chimiche di sintesi, batteri, parassiti, coloranti, farmaci, metalli pesanti ecc. Si comprende quindi come il ruolo del tubo digerente, nel discernimento di ciò che è buono o no per noi sia piuttosto articolato. L'intestino non è un tubo liscio come una conduttura dell'acqua: sulla sua superficie sono presenti villi e microvilli. Questi sono estroflessioni digitiformi che formano una sorta di orletto a spazzola che aumenta di quasi 200 volte, rispetto alla pelle che ci ricopre, la superficie di contatto dell'intestino con il cibo. Il processo di digestione prevede la riduzione in poltiglia del cibo mediante la masticazione (ricordiamoci di masticare, perché l'intestino non possiede denti) e la scomposizione enzimatica a opera di enzimi provenienti dalle ghiandole salivari, dal pancreas, dalla parete intestinale ecc.; il cibo per essere assorbito deve prima essere micronizzato al fine di ottenere l'abilità di passare attraverso le *tight junction*, una sorta di corridoi fra le cellule della parete intestinale. Queste giunzioni, se in salute, sono selettive e non lasciano passare né cibo non digerito né microrganismi. Inoltre, la parete intestinale produce un muco in grado di tenere lontani i batteri dalle membrane cellulari. L'integrità della parete intestinale è un requisito fondamentale per rimanere in salute. Quando, a causa di vari fattori, questa integrità si perde, ci troviamo di fronte alla condizione di iperpermeabilità chiamata *Leaky GUT Syndrome* o sindrome dell'intestino permeabile.

L'intestino è inoltre un grande emuntore, capace a sua volta di ripulire il sangue e la linfa dalle tossine. Ne risulta quindi una capacità escretrice articolata che ci permette di liberarci degli scarti del cibo, delle tossine, dei parassiti, dei batteri ecc.

Non tenere l'intestino in salute si può rivelare un grande errore!

IL GALT

Il tessuto linfatico associato al GUT è il nostro esercito personale contro gli attacchi dei nemici: batteri, virus, parassiti, tossine, sostanze chimiche di sintesi, cibo. Già, anche il cibo può essere un nemico. Se una persona è intollerante a un alimento o se questo è un alimento elaborato, addizionato di sostanze chimiche nocive, il GALT reagirà per contrastarne l'entrata in circolo e attiverà una risposta infiammatoria e immunologica. Quando il cibo non digerito correttamente, i batteri, le tossine ecc. riescono a passare le *tight junction*, molto difficilmente, in condizioni di salute intestinale, possono farla franca: il GALT, che è molto efficiente, si allerta e si attiva. Il GALT è situato subito sotto la parete intestinale, è composto da un esercito con una gerarchia ben definita e rappresenta la più grande divisione immunologica, in senso militare, dell'intero corpo. È dotato di molte armi e soldati, fra cui linfociti T e B, monociti, eosinofili, macrofagi e neutrofili, e produce anticorpi. È in grado di attaccare e uccidere virus, batteri, parassiti e cellule cancerogene e controllare le reazioni allergiche.

Pensare di rafforzare il sistema immunitario in senso generale per prevenire il raffreddore invernale è un'utopia. Bisogna tenere in salute la barriera difensiva più grande, quella intestinale. Il GALT lavora incessantemente ogni giorno ed è impegnato in un lavoro di ricognizione, riconoscimento, attacco, accoglienza di tutto ciò che arriva nel tubo digerente. Non si ferma mai ed è incaricato di riconoscere ciò che è bene da ciò che è male per ciascuno di noi, in considerazione del fatto che non siamo tutti uguali: abbiamo soglie di tolleranze agli allergeni, agli alimenti e alle tossine che possono differire da persona a persona.

Quando però il carico tossico (fisico ma anche emotivo) supera la soglia di tolleranza del GALT, questo rimane perennemente in allarme e innesca una reazione infiammatoria che rimane silente e misconosciuta anche per lungo tempo, ma, come un killer silenzioso, un guerriero ninja della notte, mina giorno dopo giorno la nostra salute dando origine alle malattie infiammatorie croniche che stanno diventando epidemiche. L'infiammazione è un ulteriore grido di allarme del nostro corpo che anticipa il disfacimento della nostra salute se non corriamo ai ripari velocemente.

IL MICROBIOTA

Il microbiota è l'insieme dei microrganismi che popolano l'apparato digerente umano; sino a non molto tempo fa veniva chiamato flora batterica intestinale, a cui veniva prestata attenzione solo in caso di dissenteria, febbre, utilizzo di antibiotici.

Oggi sappiamo che il microbiota è un superorganismo, che vive in simbiosi con noi nel nostro apparato digerente, dalla bocca all'ano, che si occupa di mantenerci in salute chiedendo in cambio vitto e alloggio. Ricopre le pareti del tubo digerente e rappresenta quindi una prima barriera a ciò che arriva all'interno dall'esterno. Nell'uomo esistono dalle 500 alle 1000 e più specie di microrganismi, che posseggono un patrimonio genetico 100 volte maggiore rispetto a quello umano. Il microbiota si sviluppa nel corso dei primi giorni di vita ed è differente se un neonato è stato partorito per via naturale o con taglio cesareo. Per via naturale, i primi batteri con cui un neonato verrà in contatto saranno quelli vaginali e successivamente quelli cutanei; con il taglio cesareo, i primi batteri che lo colonizzeranno saranno quelli cutanei della zona peri-areolare durante l'allattamento.

Il microbiota è specifico per ogni individuo, ossia ognuno possiede il suo, anche se sembra ve ne sia una parte, che costituisce il nucleo filogenetico del microbiota umano, che è comune a tutti.

Cosa fa per noi il microbiota?

Il microbiota si antepone a tutti i microrganismi che arrivano nel tubo digerente e lavora sodo per mantenere il suo territorio. Questo ci impedisce di ammalarci ogni giorno di infezioni intestinali. Se pensiamo a quante volte al giorno portiamo le mani alla bocca e che non sempre queste sono pulite ma ricoperte di microrganismi invisibili che raccogliamo ovunque, possiamo capire che il microbiota ci salva ogni giorno dalle infezioni. Solo quando l'efficienza e la potenza dei microrganismi patogeni supera quella del microbiota ci si ammala per infezioni e ciò fortunatamente capita di rado.

Il microbiota mantiene sempre al lavoro il GALT attraverso un meccanismo chiamato immunomodulazione, allenandolo a riconoscere ciò che è buono da ciò che non lo è.

Inoltre il GALT, tramite un particolare tipo di cellule, le cellule dendritiche, che arrivano con i loro filamenti all'interno del tubo digerente, raccoglie informazioni sulla popolazione microbica residente, sullo stato infiammatorio, sul clima e l'omeostasi all'interno del tubo stesso. Quindi microbiota e GALT vegliano l'uno sull'altro.

Il microbiota ha anche una funzione digestiva; digerisce per noi, per esempio, i polisaccaridi vegetali e favorisce l'assorbimento delle vitamine del gruppo B; sintetizza inoltre una delle vitamine più importanti, la vitamina K, che è indispensabile nella coagulazione del sangue.

Il microbiota sano è un serbatoio di salute; al contrario, la colonizzazione da parte di batteri patogeni determina distensione, gonfiore, flatulenza, diarrea ma anche costipazione, perché produce tossine e gas, come il metano e l'idrogeno, o neurotossine.

Il microbiota è anche in grado di ridurre le tossine presenti nel cibo e di consentirne l'eliminazione.

Stanno venendo alla luce verità che qualche tempo fa sarebbero state additate come eresie. Molti studi mostrano un ruolo del microbiota nello sviluppo di malattie croniche come l'obesità, il diabete mellito e il cancro. Sicuramente negli anni ne sapremo molto di più, ma già da adesso possiamo iniziare a prenderci cura di questo grande simbionte.

Lo possiamo fare, per esempio, correggendo l'alimentazione e controllando lo stress.

Possiamo assumere probiotici, ossia microrganismi viventi che ingeriti in quantità sufficiente producono effetti benefici sulla nostra salute (definizione OMS) e prebiotici, alimenti non digeribili dall'uomo ma che hanno effetti benefici sulla salute del microbiota, ma anche cibi fermentati che sono facilmente digeribili e contengono batteri benefici.

SISTEMA NERVOSO INTESTINALE O ENTERICO (SNI)

Ultimo, ma non meno importante, è il SNI (sistema nervoso intestinale), responsabile dell'invio di informazioni mediante i neurotrasmettitori, della comunicazione, della memoria, del coordinamento, delle emozioni viscerali e altro ancora.

La parete intestinale è rivestita da un manicotto flessibile di tessuto connettivo che accoglie i vasi arteriosi, venosi e linfatici, mediante i quali è possibile effettuare tutti gli scambi nutritivi da e per l'intestino. Intorno a esso è presente uno strato di muscolatura liscia responsabile dei movimenti intestinali. Il SNI è costituito da circa 100 milioni di neuroni (per quello che sappiamo oggi), è praticamente svincolato dal sistema nervoso autonomo ed è in grado di modulare da solo le proprie attività. È in grado di controllare funzionalità locali di uno specifico tratto dell'intestino, di innescare la peristalsi e l'evacuazione nonché di inibirle. Ma la cosa più sorprendente è che il SNI produce e utilizza ormoni esattamente come il cervello: acetilcolina, dopamina, serotonina ecc. Quest'ultima, ritenuta l'ormone del benessere e della felicità, è deficitaria in caso di depressione; infatti la maggior parte dei farmaci antidepressivi aumenta i livelli di serotonina circolante inibendone la ricaptazione. La serotonina è anche il precursore della melatonina, neuro-ormone della longevità, della rigenerazione, del recupero psico-fisico e non solo.

L'intestino è responsabile per il 90% circa della produzione di serotonina mentre la restante percentuale è prodotta prevalentemente dal cervello.

Dunque, un intestino malato, con un GUT alterato, molto probabilmente produrrà una minore quantità di serotonina, come dimostrano diversi studi clinici sui pazienti affetti da IBS (*Irritable Bowel Syndrome* o sindrome dell'intestino irritabile). Una minore produzione di serotonina peggiora l'umore facendo scivolare la persona nell'apatia, nella depressione, nella stanchezza cronica. Molto spesso la terapia con antidepressivi risulta essere inefficace. In caso di depressione varrebbe la pena di indagare lo stato del GUT, vagliando altre ipotesi diagnostiche nonché terapeutiche, ripristinandone l'integrità strutturale qualora fosse venuta meno.

Le persone ansiose o coloro che tendono ad avere attacchi di panico producono abnormi quantità di adrenalina e vivono in un perenne stato di "attacco-fuga"; hanno continue scariche di adrenalina, sono agitate, hanno le mani fredde e sudate e praticamente tutte soffrono di colite. Anche il GUT partecipa autonomamente alla produzione di adrenalina, e un continuo stato di tensione emotiva potrebbe essere innescato anche da un GUT alterato o potrebbe essere supportato da esso qualora dipendesse da fattori esterni al GUT.

Questa autonomia del SNI fa comprendere come, al pari del sistema nervoso centrale, il GUT sia coinvolto e implicato nell'empatia, nelle emozioni, nella memoria e nei ricordi positivi e negativi. Se rammentiamo un episodio sgradevole della nostra vita, un lutto, un tradimento, un grande dispiacere, a meno che non siamo persone insensibili, fredde e distaccate, possiamo avvertire una morsa che stringe lo stomaco e blocca il nostro addome; al contrario, in preda a una grande felicità, possiamo percepire le "farfalle nello stomaco". L'emozione, quindi, si palesa fisicamente. E si palesa a livello del cervello pancia.

Il SNI ha anche memoria circa le esperienze negative scatenate dal cibo. Per esempio, una persona intollerante al lattosio (io lo posso confermare, perché mi è successo in passato) e che ha un grande disagio intestinale quando lo assume può accusare un fastidio analogo guardando del latte, un pezzo di formaggio fresco o nelle vicinanze del reparto dei formaggi al supermercato. Probabilmente il ricordo del sapore, del gusto e poi del fastidio scatena un allarme a livello del GUT che prontamente segnala il pericolo.

Molte persone tengono in forte considerazione le proprie sensazioni, mentre altre le ignorano totalmente. Chi le ignora finirà con l'ammalarsi.

Le persone, e con esse i medici, sono abituate a sposare le tendenze e le mode.

Ultimamente sento dire spesso che la causa di tutte le malattie risiede nel GUT. Così come era riduttivo pensare all'intestino solo come a un tubo, è altrettanto riduttivo attribuire la colpa di tutto a questo apparato. Seppur complesso, magnifico e ancora in parte misconosciuto, il GUT potrebbe essere una delle radici delle malattie, così come una delle radici della salute.

Se è vero che è in parte autonomo, che pensa, che ricorda, che produce ormoni, che ci difende, è anche vero che ha bisogno del resto del corpo per esistere.

Forse la scelta migliore consiste nel trovare il giusto equilibrio fra tutte le radici della salute, e prendersi cura di esse con la stessa costanza e premura.

Sindrome dell'intestino permeabile

Quando il GUT si ammala, si parla di *GUT dysfunction* o di *Leaky GUT Syndrome*, o sindrome dell'intestino permeabile.

Da quanto spiegato nel capitolo precedente, si comprende che il GUT si può ammalare su più fronti: su uno, due, tre o tutti, più o meno simultaneamente in base a fattori ambientali ma soprattutto personali.

Faccio un esempio molto pratico. A parità di stimolo tossico o di cibo malsano a cui si è sottoposti, alcune persone lamentano disturbi intestinali e hanno ripercussioni sulla salute generale, altre no. Non ci sono studi clinici che lo dimostrino e confermino, ma c'è l'osservazione oggettiva di uno status reale.

Da medico che si occupa di medicina funzionale e di nutrigenomica, ho potuto constatare che, per esempio, i bambini che mangiano nella stessa mensa scolastica, quindi lo stesso cibo e la stessa quantità, possono presentare o meno sintomi di discomfort intestinale e alterazione dello stato di salute generale. Quello che fa la differenza è dunque l'individuo, con il suo vissuto, con lo stile di vita, con il cibo di cui si nutre abitualmente, con i livelli di stress, con le sue emozioni e la sua resilienza.

Cos'è che rompe l'equilibrio del GUT?

In primis occorre sapere se la persona è stata partorita per via naturale o con taglio cesareo, perché questo, come già spiegato, fa già la differenza sulla popolazione microbica residente. In seconda battuta è necessario sapere se è stato fatto uso di antibiotici sin dall'infanzia per curare raffreddori, influenze, otiti ecc. e se l'uso continua a essere abituale per ogni tipo di infezione contratta, anche la più innocente.

L'uso di antibiotici, soprattutto quando abusati e non necessari, altera gravemente il microbiota, favorendo la disbiosi e la colonizzazione da parte di batteri, virus, lieviti e parassiti patogeni che non vivono in simbiosi con noi ma, al contrario, ci fanno ammalare.

L'acqua del rubinetto è spesso addizionata di cloro per contenere la proliferazione batterica. Una volta ingerita, continua il suo lavoro di disinfezione anche a scapito del microbiota. Nell'acqua corrente sono spesso presenti tracce di arsenico, che è un veleno, di farmaci, di pesticidi, di tossine.

La frutta e la verdura che acquistiamo è quasi sempre stata trattata con antiparassitari, diserbanti, pesticidi, antibiotici, antimuffe, cere ecc., ma la sola acqua (che come detto non sempre è libera da impurità) può non essere sufficiente per rimuovere tali sostanze sull'esterno né tanto meno all'interno.

La carne, a meno che non sia di provenienza biologica certa, è "condita" con ormoni, antibiotici e conservanti che finiscono dritti al GUT.

Il pesce pescato è sempre più inquinato da mercurio e da idrocarburi; mentre quello d'allevamento è povero di omega-3, che hanno una funzione anti-infiammatoria.

DISFUNZIONE DEL GUT

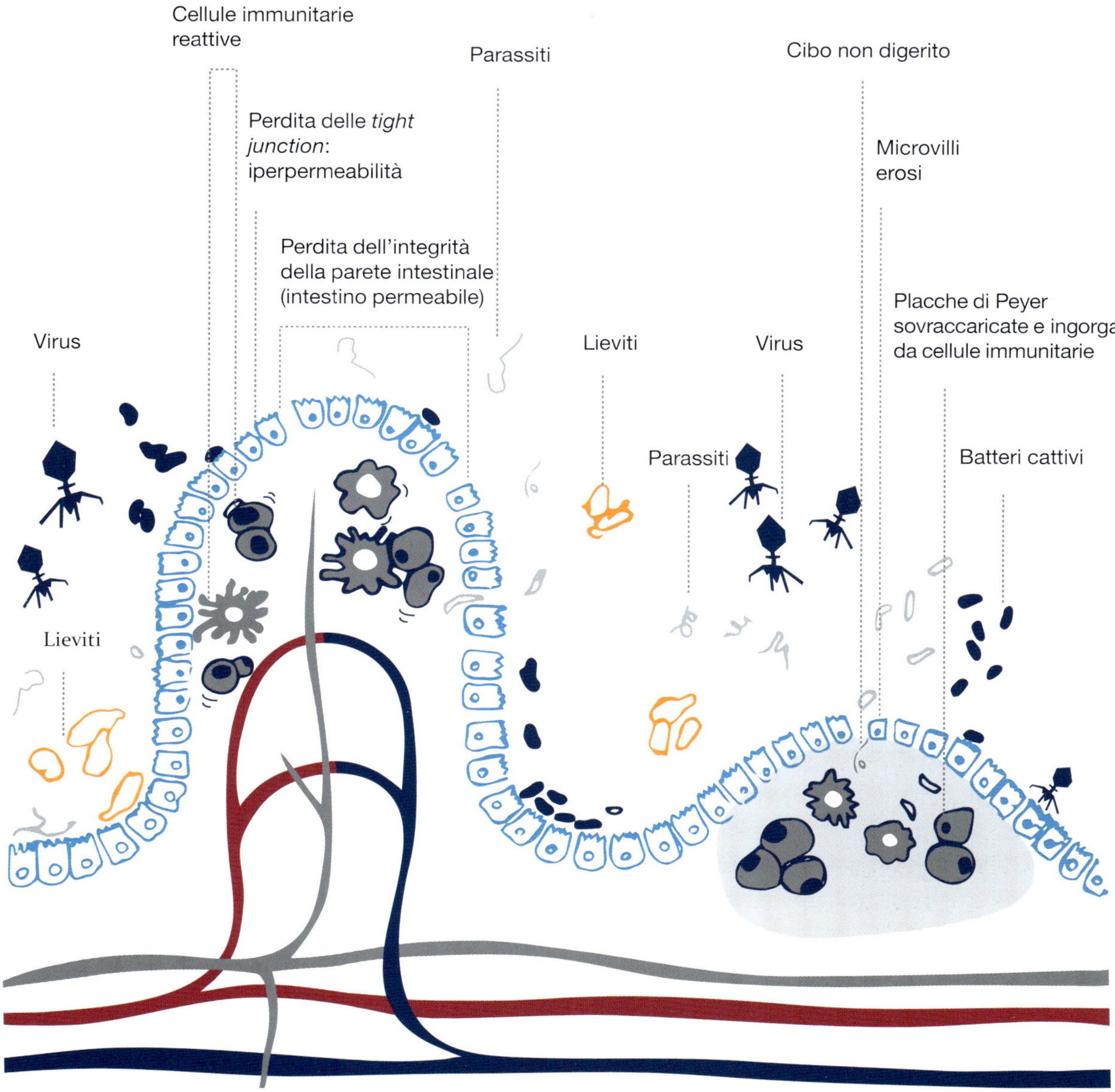

Alcuni tipi di pentole che utilizziamo per cucinare rilasciano alluminio, teflon, nichel, rame ecc., che sono tossici per il nostro corpo.

I cibi confezionati contengono molti conservanti, oli idrogenati, olio di palma, zucchero, solfiti, nitriti ecc.

I cereali, i legumi e i semi oleosi contengono acido fitico che li rende indigesti. Alcuni cibi come i latticini e i cereali con glutine sono dei trigger che innescano la disfunzione.

Il GUT e il GALT sono continuamente sotto attacco. Lavorano incessantemente più per difenderci che per fornirci energia.

In un continuo stato di allerta, il GUT si sfianca e inizia a cedere perdendo uno strato alla volta della barriera difensiva.

Il microbiota è in continua lotta con i batteri patogeni, i lieviti, i virus e le tossine. Perde alcune postazioni di difesa e di controllo ed espone le pareti intestinali che via via si danneggiano (*Leaky GUT*). Pertanto, queste lasciano passare attraverso le *tight junction* tutto ciò che dovrebbe rimanere fuori: tossine, lieviti, batteri, cibo non digerito ecc. Il GALT sottostante si allerta ancora di più e, sovraccarico di lavoro, si ingolfa, "perde la bussola", perde il controllo sull'omeostasi e attiva reazioni immunitarie sempre più estese, soprattutto a livello delle placche di Peyer (zone deputate alla sorveglianza e gestione immunitaria). Non riesce a contenere il danno e lascia passare nel torrente circolatorio ciò che gli sfugge; inizia ad attaccare anche il self, ovvero il corpo stesso, innescando processi autoimmunitari. Il SNI in allerta non riceve più segnali corretti e altera la sua sincronia con gli altri componenti del GUT, modifica la sua produzione di serotonina e degli altri neurotrasmettitori, innesca una peristalsi aberrata, vive nel caos e nell'anarchia.

Tutto ciò si traduce in malattia locale (gonfiore intestinale, dolore colico, diarrea, stipsi, indigestione, gastrite ecc.) e sistemica (stanchezza, apatia, affaticamento cronico, malattie metaboliche, autoimmunitarie ecc.).

Molti studi clinici supportano oggi la tesi che la disfunzione del GUT sia correlata con molte patologie croniche. Per esempio, le persone affette da diabete mellito di tipo 2 hanno una minore popolazione simbiotica e una maggiore flora batterica patogena. Inoltre sembra che alcune patologie autoimmunitarie, come l'artrite reumatoide, la spondilite anchilosante, il morbo di Crohn, la colite ulcerosa, la tiroidite autoimmunitaria, siano associate al *Leaky GUT*. Per alcune di esse potrebbero essere coinvolti gli antigeni di istocompatibilità umana come l'HLA B27 (so che è una nozione tecnica, ma ritengo corretto informare per far sì che si giudichi ciò che si fa e come si vive con più rispetto e consapevolezza), che pare essere il medesimo di un batterio patogeno: la Klebsellia. Quando il GUT è permeabile, questa riesce a passare fra le giunzioni e il GALT si attiva per bloccarla ma, allo stesso tempo, attacca anche le cellule del nostro corpo che espongono lo stesso antigene, innescando la reazione autoimmunitaria.

Anche il glutine (il cui significato è "colla") sembra essere implicato nella permeabilità intestinale, poiché stratificandosi sui villi, innesca reazioni immunologiche che non necessariamente conducono alla celiachia, ma che possono dare origine a ciò che viene definito sensibilità al glutine. Anch'esso è associato a numerose patologie, comprese quelle autoimmunitarie. Proprio per questo, a mio avviso, sarebbe utile per tutti, anche per i non celiaci, limitarne il consumo.

Alcuni studi mostrano un'associazione tra la disfunzione del GUT e il cancro, così come con le malattie cardiache, la depressione (e in parte abbiamo già visto con quale meccanismo), le allergie, l'infertilità e tante altre patologie. Questi studi dovranno essere ulteriormente confermati, ma ci permettono già di comprendere quale rotta seguire nel processo di guarigione e nel mantenimento della salute.

Ciò che è dietro la disfunzione del GUT, tuttavia, resta per certi versi ancora un mistero, ma, tassello dopo tassello, verrà sicuramente svelato.

Riparare i danni subiti dal GUT dovrebbe essere un dovere morale verso questo apparato simbionte e senziente. Così come il GUT ha imparato a vivere in armonia con noi, dobbiamo fare altrettanto. Rispettando il GUT, rispettiamo noi stessi. Ripararlo è possibile e vedremo come fare più avanti.

Senza voler fare del terrorismo psicologico sulle cause delle malattie, credo sia importante per ogni individuo capire in quale modo attivo può lavorare per mantenere e migliorare la propria salute.

Mantenere un buono stato di salute non è solo compito del medico.

Il medico, comunque, dovrebbe guidare gli utenti verso una maggiore comprensione di se stessi e favorire lo sviluppo della consapevolezza dell'unità mente-corpo-spirito, per aiutarci a prevenire le patologie del "benessere" che si stanno diffondendo a macchia d'olio in ogni fascia d'età.

Perché, quando, come iniziare Re-Start e rimanere in salute

Re-Start è il programma per ricominciare a sentirsi bene, per resettare il più possibile gli errori biochimici e metabolici, per ridurre e annullare la disfunzione del GUT, per acquisire maggiore consapevolezza di se stessi e imparare a gestire le proprie energie.

Si compone di più tasselli:

1. *Consapevolezza della propria condizione di salute.*
2. *Valutazione dello stile di vita.*
3. *Pianificazione e attuazione del Re-Start (tempo, apprendimento delle tecniche, organizzazione del menù, messa in atto).*
4. *Diario settimanale per 15-30 giorni.*
5. *Bilancio.*
6. *Mantenimento dei risultati.*

Partendo dal presupposto che siamo tutti stressati, chi più chi meno, con effetti sulla mente e sul corpo di intensità variabile, ci si dovrebbe approcciare a Re-Start con l'obiettivo di riportare equilibrio nella propria vita, anche se può sembrare impossibile cambiare dall'oggi al domani. Al di là di traumi gravi che possono indurre a dare un improvviso colpo di spugna allo stile di vita errato, sarebbe più opportuno valutare cosa si è effettivamente in grado di fare, nel momento specifico in cui si decide di farlo, per dare una svolta alle proprie abitudini. Faccio degli esempi molto pratici.

Una donna che lavora e ha famiglia e figli riuscirà molto difficilmente a seguire diete disintossicanti che prevedono solo centrifugati o solo digiuni per alcuni giorni consecutivi, rimanendo lucida, efficiente e calma. Dovrà far leva su tutte le sue forze, scaricando adrenalina e cortisolo, per sopravvivere a giornate faticose ed estenuanti. Se l'obiettivo della disintossicazione dev'essere quello di migliorare le condizioni di vita, come può essere raggiunto aggravando ulteriormente lo stato di stress, che è una delle cause principali del peggioramento della propria situazione?

Vi immaginate una mamma lavoratrice che per giorni e giorni beve solo centrifughe e acqua, ma comunque deve portare i figli a scuola, andare al lavoro ed essere attenta e competitiva, uscire dal lavoro, prendere i figli, portarli in palestra, fare la spesa, controllare o far fare i compiti, preparare la cena, sistemare la casa e se trova un minimo di tempo dedicare un po' di attenzione al marito, mentre è in preda al nervosismo per la fame, il mal di testa da digiuno, il calo delle forze? Io sì! Ho visto tante donne con una qualità di vita peggiorata per aver seguito diete e digiuni non congrui alla propria situazione oggettiva. Lo stesso vale per gli uomini. Al di là delle mode, delle filosofie di vita e alimentari, bisogna capire quale sia la propria condizione di salute psico-fisica. Non bisogna avere necessariamente qualche malattia per dire che c'è qualcosa che non va nella propria salute. Se non solo a fine giornata ma anche al risveglio della mattina successiva ci sentiamo stanchi e privi di energia, e ciò non accade una sola volta per un valido motivo, ma si verifica da un po' di tempo, vuol dire che si sta chiedendo, al corpo e alla mente, di compiere uno sforzo che non sono in grado di affrontare se non vengono nutriti nel modo giusto (cibo e recupero dallo stress), che deve essere assolutamente personalizzato.

Re-Start è stato ideato per potenziare il GUT e mantenerlo in salute, ridurre lo stress, ridurre gli sbalzi d'umore, anche legati agli errori alimentari, attivare il metabolismo, favorire il dimagrimento e la riduzione della cellulite, fare prevenzione cardiovascolare, metabolica e oncologica, svolgere un'azione anti-aging mirata e consapevole.

1-2. CONSAPEVOLEZZA DELLA PROPRIA CONDIZIONE DI SALUTE E VALUTAZIONE DELLO STILE DI VITA

Fermarsi un attimo a valutare la propria situazione di salute e lo stile di vita che si conduce è la base da cui partire per resettare.

Una mancata consapevolezza oggettiva di se stessi e degli errori che si commettono farà incappare in soluzioni che possono non essere idonee, come per esempio digiunare in caso di stress cronico non gestito, surmenage psico-fisico ecc., e vedere peggiorata la propria situazione di partenza.

Il tempo che ognuno di noi ha a disposizione per se stesso, di solito, è ben poco. Bisogna ottimizzarlo, non sprecarlo con sistemi che saranno sicuramente fallimentari.

Prima di iniziare Re-Start, sarebbe opportuno chiedere al proprio medico curante di fare un check up con esami ematochimici; ciò servirà a fotografare la propria situazione interna (non valutabile a occhio nudo) e a fare un confronto qualche tempo dopo aver iniziato il programma.

Gli esami che sarebbe opportuno eseguire dovrebbero indagare sia l'assetto ormonale, che può essere alterato in caso di stress, sia l'assetto metabolico. In ogni modo, il proprio medico curante sarà in grado di individuare gli esami più adatti, oppure ci si può rivolgere a uno specialista in endocrinologia, anti-aging e anti-stress.

- **Per lo stress:** ACTH, cortisolo, PRL ecc.
- **Per l'assetto metabolico-ormonale:** ormoni tiroidei, insulina, glucosio ecc.
- **Per l'assetto biochimico-metabolico:** funzionalità epatica e renale, assetto lipidico, elettroliti (la maggior parte delle persone ha una carenza di magnesio), vitamina D ecc.
- **Per lo stress ossidativo e il rischio cardiovascolare:** emoglobina glicosilata, omocisteina, PCR ecc.
- **Per le predisposizioni genetiche alle malattie metaboliche, degenerative, oncologiche ecc.:** test dei polimorfismi genetici.
- **Per le intolleranze genetiche:** test genetico per la lattasi o test al lattosio, test genetico per la caffeina, test per la predisposizione alla celiachia ecc.
- **Per l'assetto immunologico:** emocromo, immunoglobuline, autoanticorpi (in base al singolo caso) ecc.

Altri fattori da tenere in considerazione sono le abitudini connaturate ritenute normali, che potrebbero non esserlo. Qui di seguito un elenco:

- fumare;
- bere vino e superalcolici ogni giorno;
- fare uso di droghe;
- condurre una vita sedentaria;
- mangiare ciò che capita senza sapere di cosa si ha bisogno;
- consumare bevande gassate, zuccherate, con edulcoranti;

- mangiare fritti, carni molto condite, cibi eccessivamente salati, affettati, insaccati;
- mangiare sempre o spesso cibi confezionati;
- fare spesso tardi la notte.

È altresì importante valutare la qualità e la durata del sonno, se si ha spesso mal di testa, irrequietezza, nervosismo, colite, meteorismo, bruciore gastrico, dermatite, acne, lingua impaniata, stipsi, diarrea, cali di forza fisica e mentale, mani fredde e sudate, ansia, attacchi di panico, depressione, coliche renali o biliari, dolori articolari che migrano da un'articolazione all'altra ecc.

Si può fare un elenco dei disturbi che si avvertono anche se non si ritengono tali da recarsi dal medico per indagarli.

Presa consapevolezza della propria situazione, si è pronti a partire.

È importante, se si assumono farmaci, non sospenderli senza il parere del proprio medico. Re-Start non prevede restrizioni tali da dover essere sconsigliato in gravidanza, ma considerando che ogni gravidanza è a sé stante, è bene sentire il parere del proprio ginecologo prima di cambiare stile di vita e alimentazione, specificando che si tratta di una modalità che volge alla correzione delle abitudini errate connaturate.

3. PIANIFICAZIONE E ATTUAZIONE DEL RE-START

Pianificare Re-Start significa soprattutto organizzazione, attraverso l'acquisizione delle materie prime (alimenti), programmazione del menù e apprendimento delle tecniche da praticare (meditazione, *jihwa dhauti* e *laghu shankhaprakshalana*), che verranno illustrate successivamente.

Il **primo passo** da fare è il controllo della propria dispensa, del frigorifero e del freezer, eliminando tutto ciò che rientra fra i cibi trigger non previsti in Re-Start (pag. 61). Eliminare non significa buttare (il cibo non andrebbe mai gettato), ma eliminare mentalmente quei cibi dalla lista di quelli da mangiare, oppure regalarli. Questa può essere l'occasione per fare un inventario delle scorte e scoprire quanto cibo dimenticato giace nella dispensa, nel frigorifero ecc.

Il **secondo passo** è fare una lista della spesa con gli alimenti Re-Start che mancano fra quelli già presenti in casa (consultare *La mia dispensa della salute* a pag. 65), scegliere i luoghi dove acquistare (supermercato, mercato, negozi biologici, online) e approvvigionarsi dell'occorrente.

Il **terzo passo** è pianificare il menù in base a ciò che si desidera da Re-Start: disintossicazione, dimagrimento, ripristino del GUT, aumento delle energie ecc., e aiutarsi con i menù consigliati a pagg. 72-73.

Il **quarto passo** è fare 5 minuti di meditazione attiva al giorno, possibilmente sempre allo stesso orario, dopo aver costruito mentalmente il luogo privato (pag. 51).

Il **quinto passo** è inserire *jihwa dhauti* fra le abitudini mattutine (pag. 32).

Il **sesto passo** è eseguire la sequenza di *laghu shankhaprakshalana* ogni mattina per le prime quattro settimane di Re-Start e poi almeno una volta a settimana (pag. 34).

4. DIARIO SETTIMANALE PER 15-30 GIORNI

Se possibile, per 15-30 giorni tenere un diario dove annotare le difficoltà, i cambiamenti visibili o percepiti, le proprie sensazioni, le osservazioni in merito al proprio stato di salute, alla qualità del sonno, alla scomparsa o meno della colite e/o del meteorismo, allo stato della pelle, alle variazioni dell'umore, alla riduzione dell'ansia o della depressione, e tutto ciò che si ha il piacere e l'interesse di annotare.

5. BILANCIO

Misurare è nella natura umana. È necessario quindi misurare il cambiamento facendo un bilancio. Un bilancio fra lo stato di salute iniziale pre Re-Start e lo stato di salute dopo un mese. Non ci si deve aspettare miracoli in un mese di cambiamenti graduali dello stile di vita, ma è necessario osservare e valutare se i fastidi o le sensazioni sgradevoli che si avevano in partenza si sono ridotti. Molte persone mi dicono di sentirsi molto meglio già dopo una o due settimane, con riduzione marcata del gonfiore addominale, del meteorismo, della cefalea, del nervosismo, della fame nervosa, dell'insonnia ecc.; altre necessitano di più tempo, e questo ha sempre a che fare con le condizioni di salute generali di partenza. Per altre possono essere necessarie ulteriori indagini di laboratorio o strumentali, ma praticamente tutte descrivono un miglioramento della loro salute. Se non si raggiunge un risultato ottimale, spesso la causa risiede nello stress cronico non gestito e nelle sue somatizzazioni (pertanto è utile consultare un medico esperto di anti-aging e anti-stress che se ne occupi e che affronti il problema con tecniche e rimedi il più naturali possibile), nella presenza eccessiva di lieviti nell'apparato digerente, nella presenza di patologie non diagnosticate che meritano di essere indagate, nella scarsa adesione al programma Re-Start, con numerosi strappi alle regole. Una valutazione onesta della situazione è necessaria per fare correttamente il bilancio, che va ripetuto più di una volta nel tempo.

6. MANTENIMENTO DEI RISULTATI: LA REGOLA DEL 70:30

Avere la volontà di rimanere in salute e mantenere i risultati raggiunti dovrebbe sembrare ovvio. Purtroppo non lo è per tutti. Per molte persone che si avvicinano a qualsiasi dieta, a qualsiasi programma o metodo che abbia a che fare con modifiche dell'alimentazione, il tutto dovrebbe avere un inizio e una fine. Proprio per questo motivo, chi dimagrisce con un regime dietetico snervante, una volta raggiunto il risultato desiderato, tende in più o meno tempo a ritornare al modo di mangiare che lo aveva fatto ingrassare.

Credo sia un'esperienza di cui tutti siamo stati testimoni, anche in prima persona.

Non è nella natura umana riuscire a rinunciare per sempre a qualcosa che piace molto, anche se non è salutare. È proprio per questo che i regimi dietetici privativi sono stressanti e attivano un "tira e molla" fra il desiderio di un cibo "proibito", la resistenza alla tentazione, lo stress della rinuncia, il cedimento all'oggetto del desiderio, il senso di colpa e, infine, dopo ripetuti "tira e molla", la rottura della molla stessa. Quando la molla si rompe, significa che si è persa ogni forma di controllo in merito al cibo e si torna inevitabilmente al punto di partenza: chili che si accumulano, mal di pancia che ricompare, mal ti testa che tormenta, nervosismo, depressione ecc.

Non si può vivere rinunciando sempre a tutto, bisogna imparare e applicare la giusta forma di indulgenza. Essere indulgenti, in merito al cibo, significa pattuire con se stessi delle percentuali.

Una volta raggiunti gli obiettivi prefissati, compreso il ripristino del GUT, si dovrebbe proseguire con il mantenimento dei benefici. Per far ciò, si dovrebbe consumare un 70% di cibo pulito e un 30% di cibo in eccesso o di cibo non sano. Si dovrebbe continuare a praticare *jihwa dhauti* ogni mattina e *laghu shankhaprakshalana* almeno una volta ogni quindici giorni, così come continuare a ritagliarsi i cinque minuti di meditazione attiva.

Il 70% di cibo pulito può significare due cose: 70% di cibo pulito nell'arco della giornata oppure 70% di cibo pulito in una settimana, ossia circa cinque giorni di cibo pulito e due giorni di pasti liberi. Il 30% di cibo in eccesso o non sano sta a significare che è possibile, nell'arco della giornata, consumare per il 30% dei pasti totali o cibi sani in maggiore quantità (opzione da preferire) o cibi non sani, oppure che, in una settimana, sono consentiti due giorni liberi nelle scelte alimentari, consapevoli del fatto che, se per esempio si è intolleranti al lattosio, i disturbi intestinali o generali derivanti dall'assunzione dello stesso si ripercuoteranno sul corpo per più giorni, così come in caso di assunzione di glutine se si è intolleranti (questo non vale per i celiaci, che dovrebbero sempre astenersi).

La regola del 70:30 rende accettabile per i più ripulire la propria dieta e modificare lo stile di vita, perché non risulta essere troppo privativa e stressante. Molti miei utenti, però, una volta riavviato, resettato e rimesso in moto in modo equilibrato il proprio sistema corpo-mente, preferiscono, e questa è una loro scelta, utilizzare una regola un pochino più restrittiva: quella dell'80:20, o addirittura del 90:10, con gli stessi criteri della 70:30. In questo modo, le sensazioni soggettive e lo stato di benessere rimangono più accentuati. Ognuno però deve essere libero di decidere con quale regola si sente più a suo agio.

Personalmente non mi metto a calcolare quanti pasti "premio" posso avere in una giornata o in una settimana, perché per me non è un sacrificio mangiare come faccio, nella maniera che è possibile vedere nelle ricette; mi diverto a variare i gusti, i sapori, a sperimentare, soprattutto constatando quanto mi faccia bene. La dieta A.M.S. è talmente variegata e gratificante che personalmente non sento la necessità di chissà quali altri alimenti. Nulla vieta, però, quando capita, che mi conceda di mangiare qualcosa di particolare che non rientra nei miei menù e di apprezzarne i sapori. Sono però intollerante al lattosio e cerco quindi di evitarne l'assunzione, per non ritrovarmi per giorni e giorni con forti mal di testa e mal di pancia; se dovesse capitare, non me ne faccio un cruccio e prendo provvedimenti ritornando subito alle mie regole.

Quello che è scorretto verso noi stessi è di essere troppo permissivi mangiando alimenti che sappiamo con certezza farci male, che ci danno malori e discomfort. Come ampiamente illustrato nei capitoli sul GUT, il cibo che noi introduciamo ha ripercussioni a livello generale. Il cibo non sano mette a dura prova un sistema articolato e laborioso che si ritrova ingolfato e saturo di lavoro; prima o poi potrebbe entrare in sciopero o ribellarsi, facendoci ammalare. Non ha senso!

Ognuno, quindi, con onestà e senza cedere esageratamente all'ingordigia, dovrebbe trovare il suo equilibrio, o meglio la sua percentuale, quella che gli consente di rimanere in salute ma senza essere troppo severo con se stesso.

INTEGRATORI UTILI DA ASSUMERE DURANTE RE-START

La scienza dell'integrazione alimentare è in continua evoluzione, anche se affonda le sue radici nell'esperienza empirica degli antichi medici. Per il ripristino e la rigenerazione psico-fisica e del GUT, possono essere utili alcuni integratori, da assumere previo parere del proprio medico e in dosaggio personalizzato in base al biotipo morfologico, alle condizioni di salute e allo stato di stress e del GUT.

Integrazione giornaliera

Omega-3: di origine animale o vegetale, sono acidi grassi essenziali e riducono l'infiammazione.

Probiotici: batteri benefici che favoriscono la digestione, l'assorbimento dei nutrienti e che potenziano il sistema immunitario.

Multivitaminico e multiminerale: per sopperire alle carenze derivanti dal cibo raffinato e impoverito, nonché favorire la riduzione dello stress.

Magnesio: è spesso carente in tutte le persone; migliora la risposta allo stress, migliora la funzione intestinale, riduce le fluttuazioni emotive. Prediligere il magnesio citrato che contrasta la formazione dei calcoli renali ed è alcalinizzante.

Vitamina D3: incrementa i livelli di efficienza, migliora e potenzia il sistema immunitario, favorisce il dimagrimento, aiuta a bilanciare i livelli ormonali, previene l'osteoporosi ecc.

Integrazione specifica per il GUT

Probiotici: aiutano a ripristinare la flora intestinale residente alterata dagli antibiotici, dai pesticidi, dall'acqua addizionata di cloro, dallo stress, dal cibo-spazzatura; migliorano la digestione e l'assorbimento dei nutrienti.

Prebiotici: promuovono la crescita dei batteri benefici nell'intestino (inulina e radice di cicoria; aglio, cipolla e porro crudi ecc.).

L-Glutammina: è un aminoacido di cui si nutre la flora batterica intestinale benefica. Favorisce il ripristino dell'integrità del GUT.

Cibi fermentati: si possono preparare in casa (vedi il capitolo *Vegetali fermentati*) e forniscono cibo e liquidi facilmente digeribile, ricchi di vitamine, nutrienti e probiotici. Associati alle proteine animali, ne migliorano la digeribilità.

Dalle antiche scienze orientali all'applicazione occidentale: ripulire il GUT con *jihwa dhauti* e *laghu shankhaprakshalana*

Ripulire il GUT comporta la presa di coscienza che ogni giorno si dovrebbero compiere piccoli gesti che ne facilitino la rigenerazione e il mantenimento.

Il primo passo va effettuato ogni mattina, al risveglio, impiegando pochissimi minuti per fare qualcosa che cambierà in meglio ogni giornata: *jihwa dhauti* e la variante breve di *laghu shankhaprakshalana*.

Queste pratiche rientrano fra quelle dell'Hatha Yoga, l'antica scienza che mira, attraverso diversi livelli o gradini, a ripristinare e a mantenere l'equilibrio interiore, fisico, psichico ed energetico di *ida* e di *pingala*, le correnti positive e negative, partendo dal primo passo: la purificazione del corpo.

A tale proposito, sono state messe a punto dagli antichi yogi tecniche yogiche (scientificamente riconosciute soprattutto in India), note come *shatkarma*, che costituiscono una parte dello yoga nominata Hatha Yoga.

Per la pulizia specifica del GUT, ritengo opportuno suggerire di praticare le tecniche che vedremo di seguito. Io le metto in pratica da almeno vent'anni e sento drasticamente la differenza se per qualche giorno, per mancanza di tempo o per pigrizia, dimentico o ometto di svolgerle. Ne sono venuta a conoscenza grazie al Prof. Alessandro Gelli, maestro e mentore, che le insegnava già da moltissimi anni prima del nostro incontro. Da allora fanno parte della mia vita personale e di medico perché, avendone appurato l'efficacia, le trasmetto-insegno a tutti i miei pazienti che ne necessitano.

Sono tecniche a costo zero perché, una volta apprese, entrano a far pare del bagaglio personale senza costi aggiuntivi, e anzi, faranno risparmiare molti soldi perché consentono di rimanere più in salute.

JIHWA DHAUTI

Dhauti è la pulizia generica del corpo, *jihwa* è la lingua. Quindi *jihwa dhauti* significa "pulizia della lingua".

Nella forma tradizionale, la pulizia viene effettuata con le mani, spremendo la lingua. Nella forma occidentalizzata, ritengo opportuno suggerire l'utilizzo della parte concava di un cucchiaino per asportare la patina sulla lingua.

La mattina al risveglio, prima di ingerire qualsiasi cosa, anche liquida, aprire la bocca e tirare fuori la lingua. Con la parte concava di un cucchiaino rimuovere la patina sulla lingua partendo dalla parte più interna della bocca verso l'esterno, sciacquando via via il cucchiaino. Ripetere fino a quando non verrà via più nulla. Le prime volte può capitare di avere conati, se si poggia il cucchiaino troppo in fondo e con eccessiva pressione. Il mio consiglio è quello di procedere con delicatezza, fermandosi di tanto in tanto. Non eseguire in caso di ferite o afte sulla lingua e farle valutare al proprio medico. Questa pratica è indolore, gratis ed efficace: consente di eliminare batteri, funghi, lieviti e tossine presenti nel cavo orale; in tal modo non saranno nuovamente ingeriti andando a sovraffaticare il GUT.

LINGUA E TEST DELLA SALIVA

Perché è importante pulire la lingua?

Sulla lingua si depositano batteri del cavo orale, funghi, lieviti, tossine e cellule di sfaldamento che vanno a formare quella che viene comunemente chiamata patina bianca. Tutti, almeno una volta nella vita, avranno sperimentato la sensazione di avere la lingua impastata e sporca.

Se la lingua non viene pulita, ogni volta che si deglutisce si ingerisce una buona parte della patina e questo non fa che peggiorare lo stato di intossicazione generale, soprattutto del GUT.

Perché si forma la patina bianca?

Ritengo opportuno suddividere le cause della formazione della patina in due categorie:

1. patologiche;
2. routinarie (non patologiche ma favorenti la malattia).

Fra le cause patologiche troviamo quelle infettive, come le malattie esantematiche, l'infezione da H. pylori, l'HIV, l'influenza, il raffreddore, la faringite, la tonsillite, le malattie del fegato ecc.

Fra le cause routinarie troviamo lo stress, le cattive abitudini alimentari (grassi e zuccheri semplici), la stipsi, il colon irritabile, l'alterazione del GUT, le carenze vitaminiche, le protesi dentarie, il fumo, l'alcol, la candidosi asintomatica ecc.

Mi focalizzerei sulle seconde, che sono molto probabilmente le cause che si riscontrano con maggiore frequenza nella media della popolazione, fermo restando che un bravo medico dovrebbe essere sempre in grado di individuare le altre.

I miei pazienti possono confermare che durante la visita controllo sempre la lingua e faccio domande in merito all'alito, alla sensazione di impastamento ecc.

È possibile individuare la presenza di lieviti, soprattutto di candida, con un test casalingo?

Sì, è possibile con il test della saliva, che ormai è riconosciuto dalla maggior parte della comunità scientifica, anche se non viene effettuato negli ospedali o consigliato dalla maggior parte degli specialisti (forse perché non ha un ritorno economico?). È un test a costo zero, che consente di monitorare la presenza di lieviti nel cavo orale e nell'apparato digerente. Si esegue a casa ed è molto semplice. Al mattino, senza bere alcun liquido, accumulare la saliva all'interno della bocca e sputarla (senza catarro) in un bicchiere pieno d'acqua.

Controllare cosa succede nell'acqua per circa mezz'ora. Se è presente la candida, si possono notare alcuni fenomeni: filamenti che galleggiano sulla superficie dell'acqua e/o un cumulo di particelle nell'acqua e/o alcuni agglomerati che tendono a depositarsi sul fondo del bicchiere. Se ciò si verifica entro i primi minuti dallo sputo, è molto probabile che si abbia una candidosi avanzata; se i fenomeni elencati al punto sopra compaiono, ma in un tempo maggiore, può significare che è presente meno candida; se la saliva rimane a galla sulla superficie dell'acqua senza sporcarla, è molto probabile che non ci sia alcuna infezione da candida.

Questo test molto facile da eseguire funziona secondo un principio molto semplice. Se si è affetti da candida, questa si svilupperà nella bocca, che offre un ambiente favorevole soprattutto la notte. Quando la saliva viene sputata nel bicchiere, contenendo aria, sarà più leggera dell'acqua e rimarrà in superficie se non è presente la candida che, invece, è più pesante e tende a scendere verso il fondo del bicchiere. Maggiore è la quantità di candida, più rapidamente scenderà nel bicchiere.

LAGHU SHANKHAPRAKSHALANA

Laghu shankhaprakshalana significa letteralmente "lavare completamente la conchiglia", poiché lava gli intestini posti a forma di conchiglia. È un metodo gentile di lavare completamente l'intero tubo digerente dalla bocca all'ano; differisce completamente, per la diversa efficacia e comfort, da idrocolon terapia, clisteri e purghe.

Laghu shankhaprakshalana si effettua assecondando la fisiologia, ovvero la completa evacuazione procede in modo naturale dall'alto verso il basso coinvolgendo la bocca, l'esofago, lo stomaco, il duodeno, l'intestino tenue, il colon, il retto e l'ano.

L'idrocolon terapia, così come i clisteri, segue una via ascendente (dal basso verso l'alto), poiché prevede l'irrigazione e l'aspirazione colica attraverso un tubo inserito nell'ano, e pulisce il colon con un'evacuazione forzata. Può causare dolore ed è sconsigliata in caso di diverticoli, perché, in seguito alla forte pressione, se infiammati, possono danneggiarsi. È una procedura invasiva che può essere fastidiosa nonché imbarazzante; inoltre libera solo il tratto terminale del tubo digerente e non risolve la disfunzione del GUT.

I purganti (che possono essere irritanti della parete intestinale e quindi peggiorativi dell'infiammazione del GUT oppure osmotici che richiamano acqua) tendono a espletare la loro funzione in modo "violento" e improvviso, alterando la flora batterica intestinale e lasciando una dolenzia addominale.

Laghu shankhaprakshalana esiste in due versioni: una breve con acqua e sale e una lunga, sempre con acqua e sale, ma con una quantità maggiore di liquidi (anche sino a 6-8 litri d'acqua).

La versione lunga tradizionale viene eseguita in India, solo ed esclusivamente negli ashram o monasteri. In Occidente, alcuni fautori dello yoga sono propensi a farla eseguire nello stesso modo anche agli occidentali. Trovo questo molto superficiale e scorretto per due motivi. Primo: gli orientali hanno meno tabù rispetto agli occidentali in merito all'evacuazione espletata in gruppo (cosa che succede nei bagni pubblici dei monasteri); secondo: viene fatta eseguire con gli stessi tempi a tutti, senza fare distinzione fra le condizioni di salute, i malesseri, le malattie pregresse e in atto, e questo può comportare anche dei rischi.

Ritengo che la versione lunga debba essere fatta eseguire al singolo, e non al gruppo, con la supervisione del medico esperto in tali tecniche. Ecco perché i miei pazienti possono contare sul mio supporto per impararla.

Una volta acquisita la metodica con le varianti del caso, perché ognuno è un caso a sé, ciascuno potrà usufruirne da solo e a costo a zero.

La versione breve è quella che è possibile effettuare da soli sin dall'inizio, ogni mattina per le prime quattro settimane di Re-Start, e poi una volta a settimana o più di rado, in base alle proprie necessità.

Lagu shankhaprakshalana versione breve del sistema Re-Start

La versione breve tradizionale, così come quella lunga, prevede l'utilizzo di acqua e sale in soluzione ipertonica che richiama acqua nel lume intestinale agendo da purgante salino. La versione che ho messo a punto e che ha dato i migliori risultati prevede l'utilizzo di acqua calda, succo di limone e sciroppo d'acero.

L'acqua calda a digiuno stimola la peristalsi in modo naturale, il succo di limone è disinfettante, lo sciroppo d'acero è disintossicante e lenitivo per l'apparato digerente, e consente inoltre di effettuare tutta la pratica senza calo glicemico, cosa che può succedere nella versione con acqua e sale.

Come procedere

La mattina, al risveglio, praticare *jihwa dhauti*; scaldare a una temperatura gradevole 500 ml di acqua filtrata o di bottiglia e versarla in quattro bicchieri. Aggiungere in ogni bicchiere il succo di mezzo limone e un cucchiaino colmo di sciroppo d'acero. Mescolare bene per far sciogliere lo sciroppo.

Bere il primo bicchiere d'acqua il più velocemente possibile e praticare le cinque asana, o posizioni (pag. 36), otto volte ciascuna. Sedere sulla toilette per circa un minuto, senza forzare. Bere il secondo bicchiere, ripetere le posizioni e sedersi nuovamente sulla toilette per un minuto. Bere il terzo bicchiere e ripetere, poi il quarto e ripetere. Generalmente, dopo il terzo o il quarto bicchiere si avvertirà lo stimolo a evacuare. Qualcuno lo sentirà anche dopo il primo, qualcuno dopo qualche tempo dall'ultimo.

Ognuno è un caso a sé e l'obiettivo della sequenza modificata e utilizzata in Re-Start è quello di favorire una peristalsi fisiologica e una disintossicazione più accentuata. A differenza della versione lunga con acqua e sale, che prevede di continuare a bere e a fare le asana fino a che non si evacua acqua pulita (segno che tutto l'apparato digerente è stato lavato), con la versione breve addolcita con lo sciroppo d'acero si potrà lenire un intestino infiammato e favorire la disintossicazione graduale giornaliera in modo "soft". Molti miei utenti, con una versione ancora più breve di questa, dopo aver ripristinato il GUT seguendo le mie indicazioni hanno risolto una stitichezza ostinata che durava da anni.

Fra la bocca e l'ano esistono molti sfinteri o valvole che si aprono e si chiudono per permettere la progressione controllata del cibo lungo tutto il tratto digerente. Le asana servono per stimolarne l'apertura e rimuovere più velocemente gli ingorghi.

Bisogna ribadire la differenza fra gli orientali e gli occidentali: questi ultimi sono più intossicati e meno inclini per cultura a praticare tecniche di purificazione. Per gli orientali è normale fare la versione lunga di lagu shankhaprakshalana a digiuno, per poi andare al lavoro il giorno dopo; per un occidentale, impegnato nel lavoro e stressato, questo diventa praticamente impossibile. Ecco perché è necessario adattare le pratiche orientali per un uso occidentale. Con le modifiche, gli occidentali stressati e con poco tempo a disposizione possono trarne grande beneficio, senza tuttavia togliere nulla alle versioni tradizionali messe a punto per persone sane e senza problemi.

Lo scopo della pratica è anche quello di ripristinare, laddove assente, una frequenza di evacuazione fisiologica. Si tende a pensare che liberarsi una volta al giorno sia normale e sufficiente. Ma se ci pensiamo bene, i conti non tornano. Introduciamo cibo ogni giorno in media dalle tre alle cinque volte, eppure ci sembra corretto liberarci una sola volta. È ovvio che non può essere sufficiente e che questo provochi un accumulo di scorie e di tossine che nel tempo vanno a sovraccaricare il GUT.

Noi tutti abbiamo una vita frenetica; spesso sento dire ai miei utenti: "Oggi non ho avuto nemmeno il tempo di andare in bagno". Rimandare le funzioni fisiologiche non farà altro che rallentare progressivamente nel tempo i sistemi di depurazione e detossinazione. Con la pratica di lagu shankhaprakshalana si può, con costanza e perseveranza, ristabilire la depurazione fisiologica. Se assumiamo tre pasti principali, sarebbe opportuno liberarsi altrettante volte. Eppure, quando succede, la maggior parte delle persone considera ciò anomalo. Ma i conti devono tornare per mantenere l'equilibrio: se entra tre deve uscire tre.

LE CINQUE ASANA DI *LAGHU SHANKHAPRAKSHALANA*

1. **Tadasana** (allungamento verso il cielo): posizione eretta, piedi distanziati di 10-15 cm. Alzare le braccia sopra la testa con le dita delle mani intrecciate e i palmi rivolti verso l'alto, tenere lo sguardo fisso sul dorso delle mani. Sollevare i talloni e stiracchiarsi verso l'alto mentre si inspira, abbassare i talloni ed espirare. Ripetere otto volte.
2. **Tiryaka Tadasana** (albero che oscilla nel vento): assumere la posizione di Tadasana senza alzare i talloni (versione facilitata) o alzandoli (versione più avanzata). Espirando, inclinarsi lateralmente, alternativamente verso destra e verso sinistra (otto volte per lato). Inspirare quando si torna in Tadasana, prima di inclinarsi nuovamente.
3. **Kati Chakrasana** (rotazione della vita): posizione eretta con i piedi separati di 45-50 cm. Portare le braccia lateralmente al livello delle spalle, ruotare il busto verso destra, mettere la mano sinistra sulla spalla destra tenendo il gomito parallelo al pavimento e il braccio sinistro attorno al tronco.

4

Tutte le asana vanno eseguite con abbigliamento comodo, senza scarpe e su un tappetino morbido. Non eseguire in caso di mal di schiena in fase acuta, contratture muscolari e discopatie sintomatiche.

Prima di praticare le asana sarebbe buona norma fare un riscaldamento muscolare di circa un minuto: con rotazione delle spalle in avanti, allungamento delle gambe e della schiena; per chi è allenato può essere sufficiente stiracchiarsi nel letto.

Ripetere dall'altro lato invertendo le braccia. Inspirare nella posizione di partenza ed espirare nella posizione di torsione.

4. **Tiryaka Bhujangasana** (cobra che si torce): sdraiarsi sull'addome con le gambe tese e i piedi in estensione che poggiano sulle dita. Mettere il palmo delle mani sul pavimento all'altezza del petto. Poggiare la fronte sul pavimento. Inspirare e sollevare testa e spalle con l'aiuto delle braccia fino a stenderle completamente (non inarcare eccessivamente la schiena in caso di discopatie). Ruotare da un lato la parte superiore del tronco e il capo, sino a guardare il tallone del piede controlaterale. Tornare alla posizione di partenza espirando. Ripetere otto volte per lato alternando di volta in volta.
5. **Udarakarshan asana** (posizione del massaggio addominale): mettersi accovacciati con le mani sulle ginocchia. Inspirare e portare il ginocchio sinistro al pavimento mentre si ruota il più possibile il tronco verso destra, espirando e guardando sopra la spalla. Ritornare alla posizione di partenza e ripetere dall'altro lato. Eseguire otto volte per lato alternando.

5

Ruotare il busto quel tanto che basta per sentire un coinvolgimento dell'addome. Non eccedere con la torsione in caso di ernie discali, lombalgie in fase acuta ecc.

Nota: consultare sempre il proprio medico prima di iniziare qualsiasi tipo di attività fisica e modifiche allo stile di vita.

Allenamento Re-Start

Uno stile di vita sano prevede sempre la giusta "razione-porzione" di allenamento, personalizzata in base alle proprie esigenze fisiche e biotipologiche (cioè in base al biotipo morfologico di appartenenza), che dipendono dall'età, dal sesso, dalle condizioni di salute o di malattia, dagli obiettivi estetici che ci si pone e dagli obiettivi di salute che si vuole raggiungere e mantenere. Il tutto però è subordinato al tempo a disposizione, che per molti è veramente poco, al carattere, perché in tanti sono troppo pigri e sedentari, nonché allo stato di stress cronico che potrebbe essere scambiato per stanchezza o svogliatezza: questo potrebbe essere un errore non di poco conto. In condizioni di stress cronico non gestito, c'è bisogno di fare il punto della situazione, iniziare il programma disintossicante, la meditazione rapida e concentrarsi sulla gestione dello stress anche con un programma di allenamento rigenerante e non estenuante, perché l'allenamento esagerato può peggiorare lo stato di stress; bisogna trovare la giusta dose di intensità e durata. Allenarsi fa bene alla mente, la mantiene giovane e previene il deterioramento cerebrale sia fisico sia psichico; fa bene al corpo perché lo rende funzionale, soprattutto se siamo sedentari a causa del lavoro, e fa bene al portafoglio perché ci fa ammalare di meno. Chi riesce ad avere il tempo di andare in palestra con assiduità, e fortunatamente le palestre sono quasi sempre affollate, segno che una buona parte della popolazione è fortemente motivata, non avrà sicuramente bisogno di allenarsi in casa nei minuscoli ritagli di tempo. Al contrario, tutti coloro che vivono una vita frenetica e impegnata, con pochissimo tempo libero a orari improponibili, possono beneficiare di un allenamento mirato, intenso, personalizzato ed efficace che aiuti a ridurre lo stress, le tensioni emotive e muscolari, l'adipe in eccesso generalizzato, l'adipe viscerale addominale, il gonfiore, la ritenzione idrica, la cellulite, a prevenire le malattie croniche e a mantenere e migliorare nel tempo i risultati ottenuti, allenandosi in casa, sul terrazzo, in garage, in giardino, senza dover impiegare altro tempo per recarsi in palestra e soprattutto a costo zero. Ovviamente ognuno necessita di un programma personalizzato psico-biotipizzato (ed è proprio per questo motivo che non tutte le persone che frequentano corsi di gruppo in palestra ottengono risultati), ma può sicuramente beneficiare di esercizi raggruppati in base all'effetto che si dovrebbe ottenere e via via procedere con aggiunte e sostituzioni, da svolgere in base al proprio biotipo morfologico e alle condizioni psicofisiche del momento. Gli esercizi qui proposti sono in assoluto i miei preferiti, che eseguo in casa in pochissimo tempo (anche 5-15 minuti) e che mi permettono di allenarmi anche quando lavoro tantissime ore fuori casa e al mio rientro, durante la preparazione della cena, posso allenarmi in cucina o sul terrazzo, non perdendo di vista le pietanze sul fuoco. Trovo sia un modo oculato di utilizzare il tempo ottimizzandolo, senza dover necessariamente rimandare l'allenamento e la cura di me stessa perché la giornata è finita. Posso anche prevedere di allenarmi la mattina prima di uscire di casa, se so che la giornata lavorativa sarà particolarmente lunga e stancante. Non si può certo pretendere che 5-15 minuti di allenamento al giorno cambino drasticamente la nostra vita, ma sono un modo per prendersi cura di se stessi, anche quando gli impegni di lavoro, economici e familiari non consentono di frequentare con costanza una palestra; quindi: meglio poco ma buono che niente, perché 5-15 minuti al giorno, rispetto a zero, fanno comunque la differenza. Nulla vieta poi di aumentare la durata dell'allenamento quando il tempo a disposizione lo consente, come può capitare per esempio nel fine settimana e in vacanza. L'A.M.S. prevede una presa di coscienza di sé a 360 gradi nonché l'adattamento, in base alle proprie esigenze e gusti oltre che allo psico-biotipo morfologico, dell'allenamento, dell'alimentazione e delle strategie per godere di un buon umore, recuperando e rimanendo in forma, in base alla situazione personale.

Alleniamoci insieme con gli esercizi salva tempo a costo zero!

ALLENAMENTO PER IL RELAX E IL DETOX

Sequenza rilassante e decontratturante per la schiena e per il pavimento pelvico, decongestionante per l'addome, utile per ridurre la colite, i dolori mestruali, l'adipe e il gonfiore addominale, per migliorare la flessibilità degli arti inferiori e delle anche, facilitare la respirazione e l'eliminazione delle tossine inalate e lasciare andare le tensioni emotive e muscolari. Ottima sequenza da fare sia al risveglio sia prima di dormire. Eseguire gli esercizi uno dietro l'altro per il numero di volte indicato e ripetere la sequenza per 3-4 volte.

Rolli laterali

Sdraiati a terra in posizione supina, portare al petto prima un ginocchio e poi l'altro (per evitare di inarcare la schiena), intrecciare le mani sulle ginocchia e, lasciando la testa ferma, dondolare con il corpo verso destra e verso sinistra senza cadere sul pavimento. Inspirare nella posizione centrale ed espirare quando si dondola lateralmente. Ripetere per 20 volte (**foto 1 e 2**).

Rolli a fisarmonica

Sdraiati a terra in posizione supina, portare al petto prima un ginocchio e poi l'altro (per evitare di inarcare la schiena); intrecciare le mani sulle ginocchia. Inspirare e stendere le braccia mantenendo le mani intrecciate sulle ginocchia mentre queste si allontanano dal petto. Espirare mentre si flettono i gomiti e si riavvicinano le ginocchia al corpo. Tenere un ritmo respiratorio di 4-6 secondi per l'inspirazione e 4-6 secondi per l'espirazione. Rimanere 1 secondo a polmoni sia vuoti sia pieni in entrambe le fasi respiratorie. Ripetere 20 volte (**foto 3**).

Gatto e varianti

Posizione carponi con le mani all'altezza delle spalle e le ginocchia all'altezza delle anche (**foto 4**). Inspirare in 4-6 secondi mantenendo la schiena piatta ed espirare in 4-6 secondi incurvando la schiena verso l'alto, formando una gobba. Inspirare mentre si torna alla posizione di partenza. Ripetere 20 volte. Varianti: 1. inarcare la schiena durante l'inspirazione; 2. dalla posizione di partenza, sedersi sui talloni allungando le braccia in avanti espirando (posizione del devoto).

1

2

3

4

5

6

7

Mezza spaccata 1 e 2

1. Seduti a terra, piegare una gamba verso il perineo e stendere posteriormente l'altra. Fare 20 respiri con questi tempi: 4-6 secondi per inspirare e 4-6 per espirare. Invertire la posizione delle gambe e ripetere. 2. Dalla posizione iniziale, inspirare in 4-6 secondi e mentre si espira in 6-8 secondi inclinarsi in avanti rilassando il busto e le braccia (non forzare quando si scende in avanti , le prime volte si può avvertire rigidità delle articolazioni e dei muscoli). Fare 2-3 respiri liberi e tornare alla posizione di partenza. Ripetere 10 volte. Invertire la posizione delle gambe e ricominciare (**foto 5 e 6**).

Apertura delle anche

Posizione carponi con le mani all'altezza delle spalle e le ginocchia all'altezza delle anche. Mentre si inspira in 4-6 secondi, sollevare lateralmente un ginocchio fin dove è possibile ruotare l'anca ed espirare in 4-6 secondi tornando alla posizione di partenza. Ripetere 20 volte. Ripetere con la gamba controlaterale (**foto 7**).

ALLENAMENTO LIPOLITICO TOTAL BODY, ENERGIZZANTE E PER LA RIDUZIONE DELLA PANCIA

Sequenza che attiva velocemente il metabolismo con un buon dispendio energetico, favorisce il dimagrimento generalizzato e la riduzione del giro vita. È un allenamento che alterna momenti dinamici a momenti statici e in pochi minuti riattiva tutto il corpo. Effettuare un breve riscaldamento prima di procedere con la sequenza. Eseguire gli esercizi uno dopo l'altro per 30 secondi ciascuno. Ripetere la sequenza da 1 a 4 volte in base al tempo che si ha a disposizione.

Corsa sul posto/camminata sul posto

In posizione eretta, con i pugni serrati, correre sul posto portando le ginocchia più in alto possibile; tenere le braccia flesse ma contratte e muoverle avanti e indietro consensualmente alla corsa. Aumentare o diminuire l'andatura in base alle proprie possibilità. Se principianti, iniziare con una camminata sul posto portando alternativamente le ginocchia verso l'addome, forzando il movimento sempre in sinergia con il movimento delle braccia (**foto 1**).

Calcio posteriore

In posizione eretta, con i pugni serrati, mantenersi in equilibrio con l'addome contratto e portare un ginocchio al petto; mentre ci si inclina con il busto in avanti stendere con forza la gamba posteriormente contraendo i glutei; invertire il movimento e ripetere. Terminate le ripetizioni, passare alla gamba controlaterale (**foto 2**).

Superman/Superwoman

Proni a terra, con le braccia distese in avanti e i glutei contratti. Sollevare contemporaneamente le gambe e le braccia per poi tornare alla posizione di partenza. Non inarcare eccessivamente la schiena, soprattutto in caso di discopatie. Focalizzare la contrazione sui glutei (**foto 3**). (Se occorre decontrarre la schiena dopo questo esercizio, fare il *Gatto*, v. pagg. 41-42)

Ponte

In posizione supina, con le braccia lungo i fianchi, flettere le gambe. Premere sui talloni mentre si contraggono i glutei e si sale con il bacino. Mantenere la contrazione per 2-3 secondi e scendere (**foto 4**). Ripetere.

Variante: tenere un peso sull'addome per aumentare la difficoltà.

Plank statico

Proni a terra, sollevarsi sugli avambracci e gli avampiedi contraendo l'addome, i glutei e le braccia. Mantenere la posizione per il tempo stabilito (**foto 5**). (Eccellente esercizio per fortificare l'addome, i lombari e sciogliere l'adipe addominale.)

Plank scivolato o saltato

Proni a terra, sollevarsi sugli avampiedi e sulle braccia tenendo le mani all'altezza delle spalle; mantenere l'addome contratto. Scivolare alternativamente con i piedi verso il busto (mettendo un panno scivoloso sotto i piedi è più facile) (**foto 6**). Nella versione saltata, saltare avanti e indietro con i piedi.

1

2

3

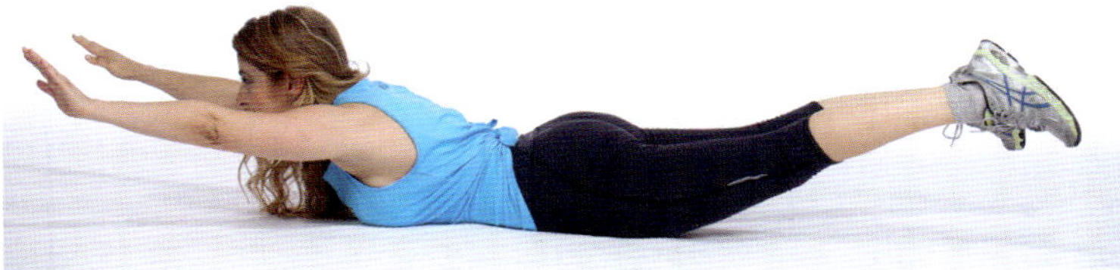

4

5

6

7

Arciere

Proni a terra, sollevarsi sugli avampiedi e sulle braccia tenendo le mani all'altezza delle spalle; mantenere l'addome contratto. Spostare il peso del corpo da un lato e ruotare lateralmente il busto; sollevare il braccio della spalla che è verso l'alto e portarlo in linea con il busto, quindi ruotare la testa e guardare la mano in alto. Tornare alla posizione centrale e spostare il peso sul lato opposto ripetendo la sequenza (**foto 7**).

ALLENAMENTO TONIFICANTE E FORTIFICANTE PER LA PARTE SUPERIORE DEL CORPO

Un corpo sano è forte e tonico. La sequenza è pensata per rendere funzionale, soda e resistente la parte superiore del corpo, ottenendo un décolleté armonioso, braccia sode e addome snello. Eseguire un breve riscaldamento prima dell'allenamento. Ripetere ogni esercizio per 10-14 volte, riposare 10 secondi fra una serie e l'altra e ripetere nuovamente per altri 2 set (gruppi di ripetizioni). Col passare del tempo invertire e mescolare l'ordine degli esercizi per fornire stimoli diversi al corpo e favorire il raggiungimento dei risultati. Aumentare progressivamente i pesi utilizzati con il fine di arrivare al cedimento all'ultima ripetizione per ogni esercizio, se non si è particolarmente stanchi o stressati; altrimenti non arrivare al cedimento muscolare.

Push up e varianti

Proni a terra, sollevarsi sugli avampiedi e sulle braccia tenendo le mani all'altezza delle spalle; mantenere l'addome contratto. Piegare le braccia e scendere in 2-4 secondi verso terra senza sfiorare il pavimento, risalire in 2-4 secondi (**foto 1 e 2**).

Varianti: 1. livello principianti: eseguire l'esercizio poggiando le ginocchia a terra; 2. livello intermedio: dalla posizione prona, far leva sulle ginocchia anziché sugli avampiedi per salire e scendere.

Alzate laterali

In posizione eretta, con le gambe leggermente divaricate e l'addome contratto. Tenere in mano un peso adeguato. Sollevare lateralmente il braccio in 1-2 secondi senza superare la spalla, quindi tornare alla posizione di partenza in 2-3 secondi. Finire tutte le ripetizioni ed eseguire con il braccio controlaterale (**foto 3**).

Spinte in alto

In posizione eretta, con le gambe leggermente divaricate e l'addome contratto. Con un peso adeguato, iniziare l'esercizio con un braccio a 90° parallelo al pavimento, quindi spingere il peso verso l'alto e leggermente verso l'esterno come a formare una semi V. Tornare alla posizione a 90°, terminare le ripetizioni e passare all'altro braccio (**foto 4**).

Curl bicipiti

In posizione eretta, con le gambe leggermente divaricate e l'addome contratto. Tenere un peso adeguato in mano con il braccio lungo il fianco. Contrarre il bicipite, flettere l'avambraccio sul braccio verso la spalla, mantenere la contrazione per 1 secondo e tornare lentamente (4 secondi) alla posizione di partenza. Completare le ripetizioni e passare all'altro braccio (**foto 5**).

Dip

Utilizzare un supporto rigido come una sedia o una panca ben stabili e vicino al muro. Sedersi sull'appoggio, mettere le mani lateralmente ai glutei con le dita rivolte in avanti, stendere le gambe anteriormente e poggiare i piedi a terra. Scivolare leggermente in avanti rimanendo con i glutei nel vuoto. Facendo leva sulle braccia, scendere verso il basso discostando il meno possibile la schiena dal supporto; salire nuovamente e ripetere in base alle ripetizioni previste (**foto 6a**). Variante semplificata: flettere le ginocchia anziché tenere le gambe distese (**foto 6b**).

1

2

3

4

5

6a

6b

ALLENAMENTO TONIFICANTE E FORTIFICANTE PER LA PARTE INFERIORE DEL CORPO

Questo allenamento è pensato per ottenere gambe snelle, toniche e armoniose. A seconda dei pesi utilizzati, del numero delle ripetizioni e della frequenza di allenamento, si può favorire di più o di meno la crescita muscolare, in base al desiderio personale. Questa è una sequenza con esercizi base, da fare in pochi minuti, che consente di mantenere le gambe toniche e di favorire il rimodellamento, ma ognuno dovrà poi valutare quale sia l'allenamento migliore in base al biotipo morfologico di appartenenza. Col passare del tempo invertire o mescolare l'ordine degli esercizi per diversificare lo stimolo allenante. Eseguire un breve riscaldamento prima dell'allenamento onde evitare traumi. Ripetere ogni esercizio per 15-20 volte per 3 set ognuno. Riposare 10-15 secondi fra un set e l'altro. Al termine dell'allenamento mantenere per almeno 5 minuti le gambe in alto per favorire il drenaggio linfatico e venoso (*Squadra statica*, v. pagg. 48-49).

Affondi

Con o senza peso, in posizione eretta, con l'addome contratto, fare un passo in avanti, flettere la gamba anteriore sino ad arrivare con la coscia parallela al pavimento (il ginocchio non deve superare la punta del piede) e flettere la gamba posteriore senza toccare il pavimento. Ritornare alla posizione di partenza. Eseguire le ripetizioni prima per una gamba e poi per l'altra (**foto 1**). **Varianti:** 1. eseguire gli affondi camminando, portando la gamba posteriore anteriormente e così via; 2. eseguire gli affondi alternando la gamba anteriore rimanendo sul posto.

Affondi rialzati

Con o senza peso, in posizione eretta, con l'addome contratto, posizionare l'avampiede posteriormente su una sedia o un rialzo ben saldo. Flettere la gamba anteriore e scendere sino a renderla parallela al pavimento senza superare con il ginocchio la punta del piede, salire nuovamente e continuare con le ripetizioni di una gamba per poi passare all'altra (**foto 2 e 3**).

Affondo laterale

In posizione eretta, con l'addome contratto, fare un passo lateralmente e flettere una gamba lasciando tesa l'altra, poi tornare alla posizione di partenza e ripetere sino a terminare il numero previsto; passare quindi all'altra gamba (**foto 4**). **Varianti:** 1. alternare il passo laterale destra-sinistra; 2. utilizzare un panno da mettere sotto il piede per scivolare con la gamba che rimane tesa, anziché fare un passo laterale con quella che si flette.

Squat

Con o senza peso (peso variabile in base alle proprie capacità e agli obiettivi), in posizione eretta, con l'addome contratto e i piedi all'altezza delle anche con le punte leggermente in fuori; scendere accovacciandosi il più possibile, senza alzare i talloni da terra, e risalire contraendo i glutei senza inarcare la schiena (**foto 5**). **Variante:** gambe larghe con accosciata sino ad avere le cosce parallele al pavimento.

Step up

Utilizzare un supporto rigido come una sedia o una panca ben stabili e vicino al muro. In posizione eretta e con l'addome contratto, posizionarsi di fronte al supporto su cui mettere un piede, quindi salire stendendo la gamba su cui si fa leva e portare l'altra piegata verso l'alto; scendere invertendo il movimento e ripetere sino a terminare il numero previsto per poi passare all'altra gamba (**foto 6 e 7**).

1

2

3

4

5

6

7

ALLENAMENTO ANTICELLULITE, ANTIPANCIA, ANTIGONFIORE E PER LA RIDUZIONE DEL GIRO VITA

Al giorno d'oggi cellulite, adipe localizzato, pancia gonfia e ritenzione idrica non hanno sesso né età e, seppur in misura diversa, affliggono sia le donne sia gli uomini a causa dell'alimentazione scorretta, spesso ricca di tossine e di ormoni, nonché della sedentarietà. Questa routine di allenamento è stata ideata proprio per contrastare queste problematiche e anzi favorirne la risoluzione, insieme alla correzione dello stile di vita. Può essere eseguita sia la sera sia la mattina, anche guardando un film, ascoltando musica ecc. Eseguire gli esercizi uno dietro l'altro per il tempo indicato.

Battimenti alternati

In posizione seduta a terra con gambe tese, piedi a martello, schiena dritta, braccia lungo i fianchi e mani poggiate a terra. Piegare e sollevare alternativamente le ginocchia di circa 10-20 cm, regolando la velocità in base alla propria abilità e capacità di coordinazione (che aumenta via via nel tempo eseguendo questo esercizio). Eseguire per 2-3 minuti (**foto 1**). **Variante:** inclinare il busto in avanti, mettere le mani a terra lateralmente alle ginocchia ed eseguire i battimenti alternati (maggior lavoro sull'addome e maggior allungamento muscolare).

Farfalla

In posizione seduta a terra, con la schiena dritta, unire le piante dei piedi, afferrare le caviglie con le mani e muovere le anche facendo oscillare le ginocchia verso l'alto e verso il basso. Ripetere per 2-3 minuti. Con le scarpe aumenta la difficoltà, mentre a piedi nudi è più facile e più rilassante (**foto 2**).

Squadra statica

In posizione supina, con le braccia lungo i fianchi, portare le gambe in alto a 90 gradi, tenendole tese e con i piedi a martello. Mantenere la posizione da 1 a 10 minuti. Aumentare la durata progressivamente nel tempo. Il tremolio delle gambe e la fatica percepita sull'addome sono segno di efficacia dell'esercizio. In caso di affaticamento rilassare le gambe facendo i *battimenti* e la *farfalla* (**foto 3**).

Squadra dinamica

Assumere la posizione della squadra statica e aprire e chiudere lateralmente le gambe. Ripetere da 1 a 3 minuti. In caso di affaticamento rilassare le gambe facendo i *battimenti* e la *farfalla* (**foto 4**).

Squadra camminando

Assumere la posizione della squadra statica e simulare piccoli passi avanti e indietro, mantenendo le gambe tese e i piedi a martello. Ripetere da 1 a 3 minuti (**foto 5**).

Ponte a una gamba

In posizione supina, con le braccia lungo i fianchi, flettere le gambe. Portare una gamba sopra l'altra. Premere sul tallone mentre si contraggono i glutei e si sale con il bacino. Mantenere la contrazione per 2-3 secondi e scendere. Ripetere 20 volte per gamba per 3 serie (**foto 6**).

Gatto scalciante

Posizione carponi con le mani all'altezza delle spalle e le ginocchia all'altezza delle anche. Portare un ginocchio verso il petto e poi con forza scalciare indietro tenendo la gamba tesa e i glutei contratti. Ripetere 20 volte per gamba per 3 serie (**foto 7**).

1

2

3

4

5

6

7

Meditazione Re-Start: prenditi cinque minuti al giorno e vai nel tuo luogo privato gratuito

La meditazione (dal latino *meditatio*, riflessione) è, in generale, una metodica che si utilizza per raggiungere una maggiore padronanza di se stessi e quindi delle attività mentali; è volta all'auto-realizzazione fisica, psichica e spirituale, a seconda delle inclinazioni e scelte personali. Esistono molti tipi di meditazione che hanno scopi diversi. C'è la meditazione trascendentale, la meditazione estatica, la meditazione con il ritiro dei sensi, la meditazione per calmare la mente dalle inquietudini, la meditazione per prendere decisioni, la meditazione pratica ecc. Ogni scuola che si occupa di discipline olistiche orientali e occidentali promuove un tipo di meditazione come l'unica effettivamente possibile. La maggior parte delle persone associa al termine meditazione il ritiro in un luogo riservato, isolato, avvolto dalla natura, all'interno di un tempio ecc., ovvero ognuno immagina un luogo privato in cui potersi ritirare e staccare i fili invisibili ma presenti che lo uniscono al resto del mondo.

Nel tran tran cittadino, nella routine familiare e lavorativa, con lo stress che sovrasta e domina le giornate, dubito fortemente che la maggior parte delle persone possa ritirarsi fisicamente in un luogo lontano da tutto per poter meditare. Magari un'occasione del genere si può riservare a una vacanza programmata a tale scopo. Ma anche nella vita di tutti i giorni c'è veramente bisogno di meditare in un luogo privato e in pochissimo tempo, per poter ottenere benefici immediati, quotidiani, duraturi e riproducibili.

Questo è che quello che prevede la meditazione Re-Start.

In primo luogo bisogna comprendere che è possibile staccare la spina allo stress, anche solo per cinque minuti, per potersi ritemprare fisicamente, psichicamente ed energeticamente. Nel programma Re-Start, che prevede il reset del GUT e quindi del secondo cervello, anche la meditazione sulle sue condizioni emotive e fisiche è tenuta ampiamente in considerazione.

Il primo passo prevede di individuare cinque minuti, nell'arco dell'intera giornata, che possano essere dedicati a se stessi. Può andar bene anche la mattina in bagno o durante la pausa pranzo o prima di addormentarsi (ma in una stanza in cui si è soli, e il bagno probabilmente può tornare utile, così come un balcone, un terrazzo, la stanza degli ospiti, il garage ecc.). Una volta stabilito il luogo, si può individuare l'orario, che dovrebbe essere pressappoco sempre lo stesso, per dare alle nostre due menti (nel cervello e nell'intestino) un senso di organizzazione e di regolarità. Il secondo passo è la *creazione del luogo privato*: un "software" mentale ideato appositamente con la volontà, una sorta di luogo virtuale, molto simile a quello dei videogiochi, ma del tutto personale e continuamente personalizzabile a piacere. Si può prendere spunto da un posto visitato in villeggiatura, da un'immagine di natura vista su un libro o sul web, oppure da un'immagine di fantasia creata *ad hoc*. Ognuno deve creare il suo luogo virtuale con tutti gli elementi che lo fanno sentire a proprio agio, protetto, al sicuro e soprattutto senza stress, assecondando il gusto personale, anche con elementi architettonici e naturali, colori, odori ecc. che potrebbero far sorridere qualcun altro. Il bello di avere un luogo privato esclusivo e soprattutto gratuito è questo: poterlo ideare in base al proprio gusto senza subire critiche o giudizi indesiderati. Il luogo dovrebbe favorire lo scioglimento delle tensioni emotive ed essere utile per prendere decisioni, per rilassarsi e per sentirsi liberi dai condizionamenti.

Per maggiori dettagli sulla creazione del luogo privato si può consultare il libro *Metodologie anti-aging ed anti-stress* del Prof. Alessandro Gelli (Libellula Edizioni, edizione aggiornata). Per la meditazione Re-Start mi sono ispirata proprio ai suoi insegnamenti.

Una volta deciso com'è strutturato e organizzato il luogo privato, vi si può accedere, con un comando mentale, in quei cinque minuti che saranno dedicati appunto alla meditazione Re-Start. Per entrare nel luogo privato si fa ricorso alla rievocazione mnemonica delle immagini, delle sensazioni, dei colori. Si può anche decidere di aprire una porta, di cui si custodiscono gelosamente le chiavi, per poter entrare in questa dimensione virtuale personale; una volta terminata la meditazione, si può visualizzare di chiudersi la porta alle spalle e riporre le chiavi. In questo modo, entrare e uscire da questa dimensione personale sarà semplice e veloce. All'inizio è utile usufruire di un supporto acustico come una sveglia, con una suoneria bassa e armoniosa, per indicare la fine del tempo a disposizione. In questo modo ci si lascerà andare più facilmente durante la pratica, senza il timore di utilizzare più tempo di quello che si ha a disposizione.

È anche importante decidere se avere più luoghi privati in base ai vari stati d'animo, perché un luogo rilassante e calmante può non essere indicato in caso di demotivazione e di scoraggiamento, che invece può beneficiare di un luogo rinvigorente. La scelta del luogo e/o dei luoghi privati ha a che fare anche con i gusti e il vissuto personale. Se si odia il mare, per esempio, sarebbe meglio scegliere un'altra ambientazione e viceversa.

Cosa si può scegliere di fare nel luogo privato?

Ognuno è libero di fare ciò che vuole. Personalmente ritengo utile, almeno le prime volte, pianificare in che modo rigenerarsi e ricaricare le energie, riducendo i livelli di stress. Questo è quello che consiglio ai miei pazienti che si avvicinano alla meditazione consapevole attiva.

Come si deve respirare durante la meditazione?

Generalmente suggerisco di porre l'attenzione sulla respirazione attiva rigenerante mediante il *pranayama*. Pranayama *significa controllare la forza vitale mediante una serie di tecniche che stimolano e aumentano l'energia vitale, ottenendo un controllo sul flusso del* prana *(forza vitale) che circola nel corpo. Il* pranayama *utilizza la respirazione per influenzare lo stato psico-fisico ed emotivo.*

Faccio un esempio pratico. Una persona ansiosa, nervosa o agitata generalmente fa respiri brevi e superficiali, quasi soffocati in gola, e potrebbe avere l'affanno come una persona che sta correndo; una persona scoraggiata, depressa o demotivata sospira e fa respiri più sbuffanti e lunghi. Quindi lo stato emotivo influenza il modo di respirare e, viceversa, il modo di respirare influenza l'umore in maniera sia consapevole sia inconsapevole.

Il mio consiglio è quello di decidere, in base al proprio umore, quale tipo di *pranayama* effettuare per migliorare la propria condizione, che può anche cambiare da un giorno all'altro, in base agli stress subiti e agli eventi della giornata.

Se siamo particolarmente nervosi, possiamo utilizzare il luogo privato per rilassarci e rigenerarci. A tale proposito, occorre un luogo privato che evochi un senso di pace, come per esempio il mare calmo, al tramonto, su una spiaggia deserta (a meno che non si abbia paura del mare perché si è rischiato un annegamento). Una volta entrati nel luogo privato, si dovrebbe sincronizzare la respirazione con le onde del mare. Si possono mettere le mani sull'addome per assecondare il movimento di espansione durante l'inspirazione e di retrazione durante l'espirazione, così come le onde giungono a riva e da essa si allontanano. Si può contare mentalmente: per esempio, 6 secondi per l'inspirazione e 6 per l'espirazione, sino ad arrivare a 6 per l'inspirazione e il doppio (12 secondi) per l'espirazione, per ottenere un maggior effetto rilassante. Si può decidere se praticare una respirazione solo addominale (forzandone con la volontà l'espansione durante l'inspirazione e la retrazione durante l'espirazione) o se coinvolgere anche il torace compiendo un movimento a onda nel seguente modo: si inspira per 3 secondi spingendo in fuori l'addome, per altri 3 espandendo il torace, si espira per 3 secondi abbassando il torace e per altri 3 retraendo l'addome. Si deve essere liberi di scegliere quale posizione assumere nel luogo privato e questa dovrebbe coincidere con quella che realmente si ha nel luogo fisico: seduti, a gambe incrociate, sdraiati, in piedi. *Nel luogo fisico sarebbe opportuno tenere gli occhi chiusi per poterli tenere aperti nel luogo interiore virtuale e poter godere appieno della visuale.*

In caso di demotivazione, scoraggiamento, malinconia si può invece optare per un luogo più rinvigorente, come il mare di giorno e leggermente mosso, per percepire il rumore delle onde che s'infrangono rilasciando nell'aria una sferzata di energia. In questo caso dovrebbe essere associata una respirazione più veloce e riattivante con tempi 4:4 (inspirazione:respirazione).

La meditazione Re-Start, oltre alla rigenerazione, è utile per prendere decisioni importanti. Nel luogo privato, nel quale si può ovviamente sostare più a lungo di cinque minuti, lontano dallo stress ambientale, lavorativo, familiare, e in contatto con se stessi, si possono analizzare le proprie emozioni e sensazioni in relazione a qualsiasi cosa e percepirne le ripercussioni sullo stato psico-fisico. Il luogo privato, quindi, è ottimale anche per prendere decisioni senza interferenze esterne.

Generalmente aiuto i miei pazienti nell'individuare le caratteristiche principali che dovrebbero avere i luoghi privati personali, affinché possano diventare dei rifugi terapeutici per resettarsi, rigenerarsi e ridurre gli effetti dello stress cronico non gestito. Adesso non resta che inserire questa pratica, molto semplice ma efficace, nel proprio programma Re-Start.

La dieta A.M.S. per stare in forma riducendo lo stress

La dieta A.M.S. è la realizzazione pratica del mio motto:

allenati, mangia e sorridi!

È una dieta allegra, colorata, non privativa e soprattutto biotipizzata sulla psico-morfologia e sullo specifico metabolismo.

A.M.S. sintetizza l'idea del raggiungimento dell'equilibrio personalizzato in base alle proprie esigenze, alla costituzione, all'età, al sesso, alle potenzialità, alle problematiche presenti e a quelle a cui si è predisposti, allo stato di stress e allo stato del GUT.

È una metodologia anti-stress e anti-aging che mira al raggiungimento del benessere e al suo mantenimento, migliorando la qualità della vita, riducendo lo squilibrio del GUT, lo stress derivante dall'ambiente e dalle diete privative alle quali, prima o poi, ognuno si è sottoposto.

Allenati, mangia e sorridi prevede l'adattamento del sistema alla costituzione biotipologica a partire dai quattro biotipi base e dalle loro combinazioni.

Non siamo tutti uguali! Abbiamo sì tutti gli stessi diritti e doveri, con sembianze simili, ma non uguali.

Esistono molte differenze nella struttura corporea e metabolica degli individui. Guardarsi intorno e studiare i volti della gente può essere un modo per accorgersene! Si noteranno volti squadrati con mandibole pronunciate e fronte sporgente; volti a trapezio con le mandibole molto più pronunciate delle tempie; volti appuntiti con le tempie molto più larghe delle mandibole, che scivolano a punta verso il mento, e volti ovoidali.

Si potranno anche osservare persone longilinee e sottili e altre con un'ossatura robusta e muscoli ben evidenti o persone con corporatura abbondante e molle o ancora un mix di caratteristiche come volto e braccia scarne e fianchi-gambe prorompenti.

Se capita di conoscere personalmente chi si osserva, si può notare che ad alcune caratteristiche fisiche corrispondono anche alcuni tipi di carattere.

Tutti i giorni ci confrontiamo con queste differenze eppure non riusciamo a realizzare, per esempio, che per quanto riguarda una dieta è quasi impossibile che la stessa sia efficace per tutti.

Ecco perché alcune persone ottengono benefici con la dieta letta sul giornale e altre no; le prime, probabilmente, hanno caratteristiche fisiche tali che rispondono a quel tipo di alimentazione, mentre le seconde hanno bisogno di tutt'altro.

Questo non significa che si debbano necessariamente escludere alcuni alimenti dalla dieta, ma che questi possono essere combinati insieme fra loro in modo differente, a seconda del **biotipo psico-morfologico** e del suo **metabolismo**.

La biotipizzazione, che trae origine da Ippocrate (padre della medicina ufficiale occidentale) e dall'Ayurveda in Oriente, utilizzata in chiave moderna ci permette di stabilire quale sia la migliore alimentazione, integrazione e attività fisica per il biotipo di appartenenza.

Si riconoscono **quattro biotipi base**: il **sanguigno**, il **linfatico**, il **bilioso** e il **cerebrale**, con specifiche caratteristiche fisiche e caratteriali; tuttavia la maggior parte delle persone è un biotipo misto, ovvero una combinazione di due o più biotipi.

Ho ideato la **dieta A.M.S. biotipizzata sulla psico-morfologia e specifico metabolismo** proprio per poter affrontare al meglio le differenze fisiologiche.

Questo comporta necessariamente una personalizzazione accurata dell'alimentazione, sia per il dimagrimento e il mantenimento del peso corporeo ottimale sia per poter vivere più sani e più a lungo possibile.

Ma cosa significa *allenati, mangia e sorridi*?

ALLENATI

Tutti associano al termine allenamento il gesto atletico, la fatica e la palestra. Sicuramente può rappresentare anche questo, ma fondamentalmente significa far crescere mente e corpo all'unisono, sviluppando le proprie potenzialità a 360 gradi. Si può allenare la mente per mantenerla attiva e brillante; il corpo per renderlo flessibile, resistente e prestante; il carattere per migliorare i punti di forza e contrastare le debolezze; la psiche per affrontare e gestire al meglio lo stress.

MANGIA

Mangia in modo consapevole, sano e con gusto! Che senso ha fare diete privative e squilibrate per periodi brevi, con peggioramento dello stato di stress, per raggiungere un obiettivo (se mai si raggiunge), arrendendosi poi al "tira e molla" fra desiderio e senso di colpa per aver ceduto alle tentazioni culinarie? Non sapere cosa si mangia e di cosa si ha bisogno per far funzionare al meglio il nostro corpo conduce inevitabilmente all'instaurarsi di malessere e patologie. È bene capire quali siano gli alimenti che ci fanno bene e quali ci fanno star male. Ognuno ha una maggiore o minore tolleranza agli alimenti in base al patrimonio genetico e ai polimorfismi genetici, ossia alla capacità intrinseca di utilizzare gli alimenti in una modalità che può essere positiva o negativa (che porta alla salute o alla malattia).

SORRIDI

Sorridere fa bene all'umore, e un umore equilibrato fa essere più sereni, su questo non c'è dubbio. Il ruolo degli alimenti nel benessere psichico è accreditato dalla scienza: ormai, avendo assodato che il GUT ha un suo cervello pensante, è facile comprendere quanto l'umore possa essere influenzato dal cibo che si consuma.

Sentirsi in forma e in salute è un altro buon motivo per sorridere. Quando si è fuori forma, stressati, demotivati, rassegnati, si pensa a tutto tranne che a sorridere. Un buon sistema olistico deve prevedere quindi delle azioni mirate e personalizzate, per consentire alla persona di stare bene a 360 gradi, ottimizzando la connessione globale "mente-corpo-spirito".

Lo stress interferisce con lo stato di salute?

Ovviamente è necessario inserire nel sistema personalizzato anche la gestione pratica dello stress, affinché le avversità naturali e talvolta fisiologiche non alterino l'equilibrio psicofisico. La gestione dello stress si impara.

Alcune persone per natura sembrano non essere toccate dagli eventi e li affrontano freddamente e con razionalità; altre, la maggior parte, ne vengono sopraffatte emotivamente e fisicamente fino a distruggersi, tanto da vedere la qualità della propria vita deteriorarsi sempre più.

La dieta A.M.S. tiene in considerazione i **cibi trigger** (i cibi più comuni che scatenano reazioni anomale del GUT con ripercussioni sull'intero organismo), le **reazioni individuali agli alimenti** (allergie e intolleranze rilevate mediante test genetici ed ematici), la **reazione agli eventi stressanti** e lo **stato psico-fisiologico** nonché i **reali margini di miglioramento**.

Non si possono fare promesse generiche di miglioramento: **il miglioramento è pianificato strategicamente sulla singola persona**.

Quello che è possibile promettere è che con Re-Start è possibile mangiare alimenti gustosi, genuini e facili da preparare e **comfort food** senza sensi di colpa, perché rientreranno nel piano nutrizionale salutare volto al potenziamento del GUT e dell'intero individuo.

I QUATTRO BIOTIPI MORFOLOGICI BASE[1]

Psico-biotipo cerebrale

Ha viso triangolare, cute sottile, occhi vividi e attenti, muscolatura asciutta ed esile, temperamento iperattivo e vigile, tendenza all'ansia, alla tachicardia, all'agitazione e all'insicurezza, ma anche alla sindrome del primo della classe.

Se ti riconosci in queste caratteristiche psico-fisiche, probabilmente sei uno psico-biotipo cerebrale.

Generalmente il cerebrale è molto sensibile e si lascia influenzare in positivo e in negativo dal giudizio altrui. Tende ad avere livelli di adrenalina e cortisolo (ormoni dello stress e della reazione agli eventi) leggermente più alti della media, fino ad arrivare a valori sovrafisiologici.

Questi ormoni a livelli elevati lo fanno vivere sempre in allerta e in agitazione. Mira ad avere sempre tutto sotto controllo, sia ciò che lo riguarda sia ciò che riguarda le persone che gli sono vicine. Spesso trasferisce ansia e agitazione ad altri componenti della famiglia.

Quando non è eccessivamente stressato, mira al raggiungimento degli obiettivi in modo efficace, perché ha una mente brillante e creativa: è un vulcano di idee che talvolta non riesce a concretizzare, a causa dello stress non gestito che lo porta a esaurirsi.

Le **donne cerebrali** sono molto magre e tendono a non avere né cellulite né adipe, pur mangiando molto. Sia le donne sia gli **uomini** hanno difficoltà a mettere su muscoli, anche se si allenano molto, a causa di una spiccata idrofobia muscolare. Anzi, proprio l'eccesso di allenamento favorisce in questo biotipo il catabolismo muscolare.

È soggetto a cali di forza e a cali glicemici, pertanto necessita di un'alimentazione biotipizzata ed estremamente personalizzata in base all'età, al sesso, allo stress, ai condizionamenti subiti ecc.

Il **cerebrale in forma** può ricordare il classico "genio", un po' sui generis, che talvolta può sembrar vivere in un mondo tutto suo. Un **cerebrale fuori forma**, invece, si sente stanco, frustrato, agitato e inconcludente, pur volendo primeggiare.

Psico-biotipo bilioso

Viso ovale, muscolatura tonica ben proporzionata e non esagerata, ossatura media, acu-

[1] Seguo qui la biotipizzazione morfologica di Ippocrate, ripresa poi dal Prof. Alessandro Gelli, che ho approfondito da un punto di vista endocrinologico in base alle mie competenze specialistiche.

tezza mentale, buon equilibrio psico-fisico, forza e resistenza sono le caratteristiche peculiari del bilioso.

Lo psico-biotipo bilioso è, per così dire, **il più fortunato di natura**: possiede i pregi del biotipo cerebrale in forma e la forza, nonché la resistenza fisica, del biotipo sanguigno, senza però averne i difetti, se non in modo lieve.

Se ti riconosci in queste caratteristiche psico-fisiche, probabilmente sei uno psico-biotipo bilioso.

Il bilioso ha buone doti comunicative ed è sufficientemente sicuro di sé senza essere, generalmente, egocentrico. Ha una muscolatura ben evidente ma elegante; le donne biliose, anche se non si allenano, possono avere deltoidi e bicipiti bene definiti.

Le donne tendono ad avere, se non sono in forma, una cellulite mista, dura e molle a seconda delle zone corporee. Hanno gambe e cosce snelle che con la sedentarietà e l'inattività tendono ad ammorbidirsi sul giro coscia. Se seguono un allenamento, un'alimentazione e un'integrazione *ad personam*, possono ottenere il classico fisico da "modella di fitness".

Gli uomini hanno una buona muscolatura che aumenta, senza grandi difficoltà, se seguono un allenamento personalizzato insieme a un'alimentazione e a un'integrazione idonea.

In generale il bilioso è un ottimo sportivo, che fa dell'attività fisica uno dei pilastri della propria salute.

Il rapporto catabolismo/anabolismo è ottimale nel biotipo bilioso puro, può virare verso il catabolismo se prevalgono le similitudini con il biotipo cerebrale (dimagrisce sotto stress) oppure verso l'aumento di peso se prevalgono le similitudini con il biotipo sanguigno (aumento di peso sotto stress).

Se è sottoposto a stress cronico non gestito, rischia di squilibrarsi e di veder svanire i suoi punti di forza. La sua fortuna è quella di riuscire a risollevarsi dalle avversità molto velocemente.

Seguendo un percorso che miri al benessere a 360 gradi, il bilioso raggiunge sempre gli obiettivi prefissati e può gettare basi solide per una longevità soddisfacente.

Psico-biotipo linfatico

Sei un po' abbondante con le misure, l'adipe è molle e cadente, hai un bel doppio mento e un addome a grembiule, le caviglie sempre gonfie, i fianchi preponderanti, le vene delle gambe molto evidenti e soprattutto la pigrizia domina la tua vita? Potresti essere un biotipo linfatico puro o con alcune componenti linfatiche.

Ti giustifichi dicendoti che sei come uno o entrambi i tuoi genitori o i tuoi nonni? Che in famiglia siete tutti molto simili e non c'è nulla da fare se non continuare beatamente a non far nulla?

Ebbene, sai che se non provvedi quanto prima potresti incorrere in gravi patologie?

Il **linfatico puro** presenta volto a trapezio con mandibole più pronunciate rispetto alle tempie, tronco abbondante con braccia talvolta delle dimensioni delle gambe, ossatura molto robusta, gambe a colonna con caviglie gonfie, cellulite in diversi stadi, varici e capillari, sedentarietà, pigrizia, lentezza, affanno, depressione o, al contrario, ilarità esaltata (autoironia) e iperfagia (appetito incontrollato) verso qualsiasi tipo di alimento.

Il linfatico può andare incontro con maggiore frequenza a malattie cardiovascolari (infarto, ictus, diabete mellito), infiammazione cronica, ulcere varicose ecc.

Queste sono solo alcune delle caratteristiche del linfatico puro; spesso però sono fuse con quelle di altri biotipi morfologici, andando a formare i biotipi sdoppiati.

È difficile motivare un linfatico puro che non abbia deciso da solo di cambiare sti-

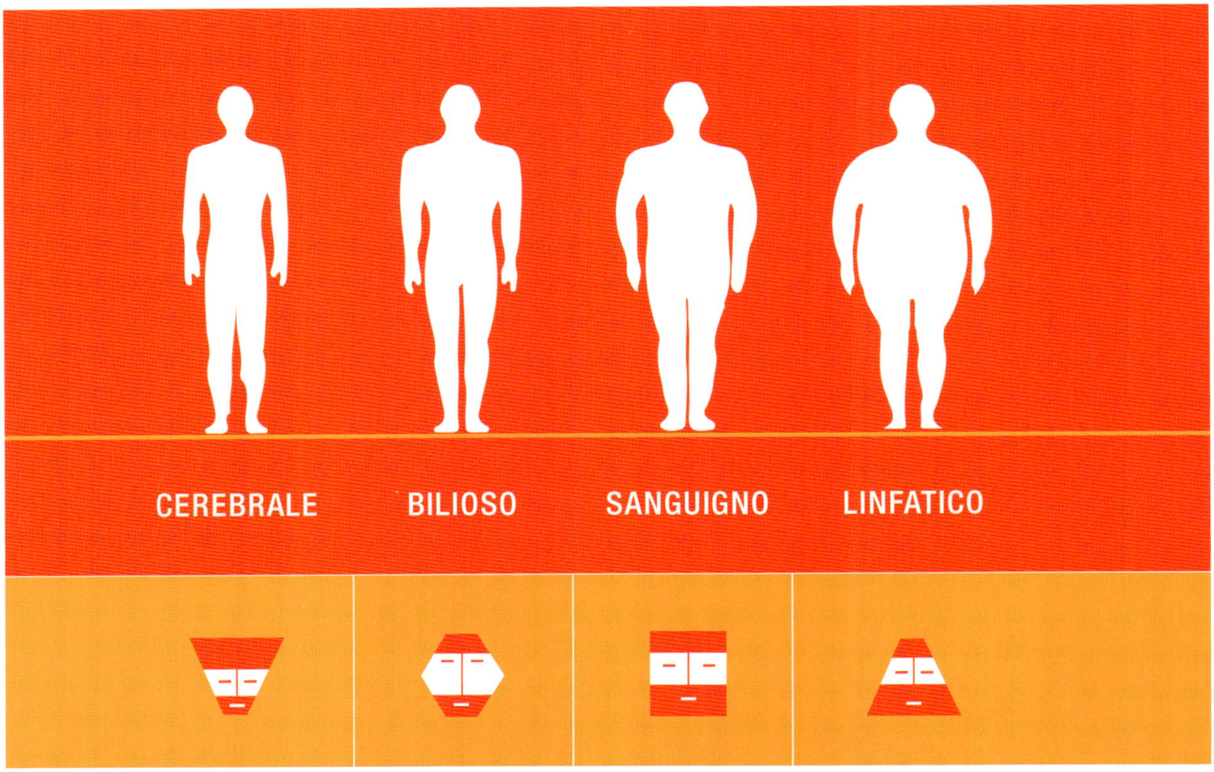

le di vita, tuttavia ognuno ha il suo tallone d'Achille, su cui far leva per far apparire uno spiraglio di possibilità al cambiamento. Basta non demordere e continuare a cercarlo, per poi agire concretamente con una strategia a 360 gradi. Anche nei bambini che presentano caratteristiche linfatiche, prima si comincia, prima si raggiunge un obiettivo.

Psico-biotipo sanguigno

Volto squadrato, ossatura robusta, muscolatura ben rappresentata, temperamento spesso irascibile, tendenza alla pressione arteriosa alta, se fuori forma addome globoso e duro ecc. sono le caratteristiche psicofisiche principali del biotipo sanguigno, sia maschile sia femminile.

Quando è in forma, il sanguigno puro sopporta molto bene la fatica fisica e lo stress in generale; se fuori forma può manifestare malattie in modo esplosivo e all'improvviso, come l'infarto del miocardio, l'ictus, il diabete mellito ecc.

Le donne sanguigne non allenate tendono ad avere una corporatura robusta, un torace grosso e fianchi non troppo larghi ma ricoperti da un pannicolo adiposo duro. La cellulite si presenta sia sulle braccia sia sulle cosce, ma quello che predomina è l'adipe addominale e viscerale.

Esistono sanguigni magri con una bassa percentuale di adipe e una buona percentuale di massa magra che possono essere degli ottimi atleti, e sanguigni più corpulenti con una percentuale di adipe maggiore; questi ultimi molto probabilmente andranno incontro a problemi metabolici con maggiore frequenza.

Il sanguigno maschio ben allenato e alimentato nel modo opportuno può sviluppare una buona muscolatura con una medio-bassa percentuale di massa grassa; una donna sanguigna che segua un allenamento consono e un'alimentazione *ad hoc* può sviluppare con estrema facilità il fisico della "modella di fitness".

Il sanguigno presenta una buona idrofilia, ovvero ha una buona idratazione muscolare e si giova, più degli altri biotipi, di integratori alimentari che favoriscono l'aumento del volume muscolare.

I biotipi composti

La maggior parte delle persone è un mix di biotipi, sia dal punto di vista fisico sia caratteriale. Si può avere viso e temperamento da cerebrale e il corpo dalla vita in giù da linfatico (biotipo sdoppiato), oppure un viso ovale da bilioso e una corporatura robusta da sanguigno, o ancora un viso quadrato da sanguigno e una corporatura esile da cerebrale. Le combinazioni possono essere infinite e dipendono molto dalla mescolanza genetica dei ceppi familiari di appartenenza.

Quindi, se leggendo la descrizione dei biotipi, ci si riconosce solo per alcune caratteristiche, probabilmente significa che si è un mix di più biotipi.

Si può appartenere a una categoria da un punto di vista fisico, ma a seconda dello stato ormonale e psicologico, che è influenzato dallo stress e dall'ambiente, si possono avere sfumature di un altro biotipo da correggere o potenziare e che necessitano di un programma personalizzato a 360 gradi.

I cibi trigger

La maggior parte delle persone che inizia il programma Re-Start con la dieta A.M.S. e lo porta avanti per qualche tempo riferisce di sentirsi meglio, con un incremento dell'energia vitale, un miglioramento della digestione, una maggiore lucidità mentale, una perdita di peso laddove necessario e un miglioramento della composizione corporea in generale. La maggior parte di esse, dopo aver raggiunto questi risultati, mi chiede come mantenerli, e se, per riuscirci, dovrà necessariamente rinunciare per sempre ad alcuni alimenti di utilizzo comune.

La mia risposta a questa domanda lecita è che ognuno è un caso a sé e che, oltre ad applicare la regola del 70:30, è necessario individuare i cibi trigger.

I cibi trigger sono quegli alimenti che, nella maggior parte dei casi, scatenano una reazione non salutare dell'organismo. Ci sono cibi trigger comuni alla maggior parte delle persone e cibi trigger persona-specifici.

Conoscere i propri cibi trigger è il passo più importante per vivere in salute, bene e a lungo. Quando si comprende cosa non mangiare per sentirsi bene, la vita cambia radicalmente. Se continuiamo a indugiare nell'errore, non dobbiamo sorprenderci se il corpo presenta il conto con disturbi e malattie.

I benefici di un'alimentazione appropriata e personalizzata trascendono il corpo, che sicuramente è il primo a trarne giovamento; anche la pelle risulterà più luminosa, con minori imperfezioni ed eruzioni cutanee. Si noteranno comunque miglioramenti nel carattere e nell'umore, così come nella propensione ad apprendere cose nuove. Un corpo rigenerato è più ricettivo rispetto a un corpo ingolfato e intossicato.

È possibile che il cibo influenzi così tanto la nostra salute? Ormai è certo! Lo conferma anche la nutrigenomica. Inoltre il nostro cibo è cambiato: è addizionato di sostanze chimiche, è modificato geneticamente, è ormonato. Dovremmo ritornare a un'alimentazione più naturale per recuperare lo stato di salute per il quale siamo stati "progettati".

I maggiori imputati di essere cibi trigger sono i cereali contenenti glutine e il latte con i suoi derivati (*gluten and dairy*), che hanno un effetto negativo sul GUT. Non sono i soli, però; sembrano essere coinvolti anche la soia, il mais, l'alcol, lo zucchero raffinato e tutte le farine raffinate.

Glutine e latte, comunque, pare siano i maggiori responsabili dei disagi intestinali e delle ripercussioni sistemiche della *GUT dysfunction*, come la dermatite, i dolori articolari, la cefalea, il sovrappeso, le malattie autoimmunitarie ecc.

Il latte può provocare disturbi sia a causa delle sue proteine (per allergia, che può essere letale, e anche per la promozione dell'infiammazione sistemica), sia per il lattosio (lo zucchero del latte), che circa il 70% della popolazione dell'Europa del Sud non è in grado di digerire, perché la disattivazione enzimatica della lattasi è geneticamente programmata.

GLUTINE	LATTE
frumento	latte vaccino
orzo	latte di capra
farro	yogurt
Kamut	burro
bulgur	formaggi
segale	panna
triticale	biscotti e dolci
spelta	affettati
couscous	insaccati
frik (*grano verde egiziano*)	cibi confezionati
monococco	gelati
seitan	altro

Il miglior modo per scoprire se questi cibi sono tossici per il nostro organismo è fare dei test genetici per l'intolleranza e la predisposizione alla sensibilità a essi e/o testarli dal vivo, se non è nelle proprie possibilità economiche fare dei test genetici.

Dopo circa un mese dall'inizio del programma Re-Start, che non prevede l'assunzione di alimenti contenenti glutine e lattosio, si può provare a reintrodurli uno alla volta per 2-3 giorni e poi sospenderli nuovamente e valutare, senza interferenze emozionali, la connessione fra come ci si sente e cosa si è mangiato. Ripetere il test con gli altri alimenti.

Le interferenze emozionali potrebbero influenzare il giudizio su come ci si sente veramente e su come ci si dovrebbe sentire. Questo può succedere perché il desiderio di un determinato alimento di cui si è golosi, per esempio la panna montata, può non far percepire il cambiamento che si verifica a livello intestinale una volta consumato. Privarsi di cibi di cui si è golosi (che purtroppo sono quasi sempre quelli meno sani) può, in un primo momento, non far rendere conto dell'effetto che hanno sulla salute. Ma sono proprio questi effetti, protratti nel tempo, che gettano le basi per la disfunzione del GUT e delle malattie correlate.

Una volta stabilito quali sono i cibi trigger che creano disturbi, disagio e malessere, ci si trova di fronte a due scelte: eliminarli per sempre o assumerli sporadicamente con la regola 70:30 settimanale o meglio 80:20.

Nel primo modo si eviterà completamente un contatto con qualcosa che ci è nocivo, nel secondo si limiterà il contatto a occasioni sporadiche, che dovremmo essere in grado di compensare mangiando e vivendo in modo "pulito" per il resto del tempo.

Ognuno di noi ha delle soglie di tolleranza al cibo specifiche e del tutto personali.

C'è chi sta benissimo mangiando carne e pesce e chi si sente poco bene, così come c'è chi non ha alcun disturbo mangiando molta frutta e verdura e chi accusa colite, gonfiore, meteorismo.

Per la frutta e la verdura si può procedere testandola, scegliendo in base al proprio gusto, ma è importante ricordare che la tolleranza intestinale dipende anche dalla quantità di fibre assunte; quindi, per lo stesso tipo di frutta o verdura, la tolleranza può essere minore o maggiore in base alla quantità ingerita. Spesso l'intolleranza a questi alimenti si manifesta con gonfiore addominale, meteorismo e colite: sintomi che coincidono con quelli procurati da altri cibi trigger. Ecco perché è importante testarli uno alla volta per 2-3 giorni, ritornare a una dieta più pulita e poi testare il cibo successivo.

Tra la frutta, sicuramente dà maggiori problemi quella trattata chimicamente (meglio acquistare frutta biologica) e fra questa le banane, le fragole e tutta la frutta che non è di stagione. Per le verdure vale lo stesso discorso della stagionalità. Da tenere presente quelle che possono scatenare maggiori fastidi: i broccoli, i cavolfiori, la cicoria.

Per la carne è bene evitare quella di allevamento intensivo e prediligere (se non si ha intenzione di rinunciarvi) quella di animali allevati al pascolo erbivoro o quella certificata come biologica. È bene testare dunque la differenza fra la carne certificata e quella che si trova comunemente al supermercato.

Per quanto riguarda il pesce, al di là delle allergie personali a pesce e crostacei, che vanno tenute in attenta considerazione, è consigliabile comprare, e dunque anche testare, il pesce meno inquinato possibile (evitare il pesce spada, il pangasio, i tonni grandi), sia selvaggio sia di allevamento, e valutare le differenti reazioni.

Alcune persone sono intolleranti ai legumi, persino ai cereali e ai semi senza glutine. Molto spesso ciò dipende da un'errata preparazione in cucina. È importante metterli in ammollo, dalle 6 alle 12 ore, per rimuovere l'acido fitico, un antinutriente che rende anche più difficile la digestione. Per quanto riguarda i legumi, sarebbe bene testarli con o senza cuticola per vedere se c'è una differenza nella digestione. Generalmente, senza cuticola, che può essere rimossa a mano o con il passaverdure, la digeribilità migliora molto.

Alcune persone non tollerano le uova (l'intolleranza è diversa dall'allergia, che mette in atto una reazione immunitaria immediata potenzialmente fatale); anche in questo caso, provare a consumare uova di galline ruspanti allevate a terra e libere, nutrite con mangime non ogm. In questo modo le uova contengono più grassi omega-3, vitamina K2, vitamina A ed E. Evitare le uova sode, perché nel processo di cottura il colesterolo si ossida e allora risultano meno sane e digeribili. Meglio consumare uova al tegamino e alla coque, le uova barzotte e le uova in camicia, in cui l'albume è ben cotto e il tuorlo rimane crudo.

La frutta secca e i semi oleosi sono un'ottima fonte di grassi buoni e di proteine. Sono ben tollerati dalla maggior parte delle persone, anche se in alcuni provocano allergie. Anche questi vanno comunque testati per valutare la risposta del proprio corpo.

L'obiettivo dell'identificazione dei cibi trigger è di individuare tutti quegli alimenti che possono minare lo stato di salute. In alcuni casi, quando ci sono reazioni crociate fra più alimenti, può essere di supporto l'aiuto del medico specialista per trarre conclusioni più precise. Una volta testata la maggior parte degli alimenti che rientrano nelle categorie citate, si può stabilire, in base alla tolleranza, con quale frequenza assumerli o se eliminarli definitivamente. Seguo moltissimi utenti che hanno iniziato Re-Start con la dieta A.M.S. e posso dire con certezza che ci sono reazioni psicologiche diverse di fronte alla presa di coscienza di quanto il cibo influenzi lo stato di salute psico-fisico.

Sono in molti quelli che decidono di eliminare i cibi che li fanno sentire gonfi, stanchi, affaticati e ingolfati, riservandosi di assumerne solo sporadicamente, se proprio non vogliono o non possono farne a meno, come per esempio a un pranzo di matrimonio, una cena di lavoro importante, una cena con gli amici ecc.; questo perché, dopo aver tentato una reintroduzione dei cibi trigger, hanno avuto reazioni molto evidenti con uno scadimento delle condizioni di salute.

Altri decidono di adottare la regola 70:30 settimanale, consapevoli del fatto che dovranno sopportare per qualche giorno fastidi intestinali, eruzioni cutanee e stanchezza.

Altri ancora ritengono, dopo avere raggiunto i risultati Re-Start desiderati, di tornare al regime alimentare precedente reintroducendo tutti i cibi trigger, consapevoli che vedranno peggiorare nuovamente la propria salute, ma forti del fatto di poter poi utilizzare di nuovo Re-Start per ripristinare l'equilibrio.

Onestamente, sconsiglio sempre quest'ultimo approccio perché, con il sommarsi degli errori e degli anni, i danni al GUT e all'intero organismo si accumulano, così come si "accendono" le predisposizioni genetiche alle malattie. Errore dopo errore, il corpo sarà sempre meno in grado di ripararsi da solo.

Esistono molti pregiudizi circa l'eliminazione dei cibi trigger; tanti sono convinti che non si possa vivere bene senza latte e farina. Chi rinuncia a questi cibi, a seconda dell'approccio mentale che ha, può sentirsi sia entusiasta, per aver scoperto le cause dei suoi malesseri e come migliorare la qualità della vita, sia insofferente e nervoso, vivendo il tutto come una punizione.

Io credo che chi si sente punito per avere un corpo intelligente, che gli segnala anomalie nel rapporto con il cibo, dovrebbe fermarsi a riflettere un attimo ed essere grato per la possibilità che ha di farsi del bene.

Sfogliando le pagine di questo libro, nella sezione delle ricette A.M.S., ci si può rendere subito conto di come mangiare in modo pulito possa essere divertente, colorato e per nulla noioso e privativo. Bisogna solo far crollare i pregiudizi.

La mia dispensa della salute

Una dispensa rifornita con alimenti salutari, e non necessariamente in modo dispendioso, è quello che ci vuole per iniziare Re-Start.

Il primo passo consiste nell'individuare il luogo dove acquistare i prodotti freschi come frutta, verdura e uova (mercato, contadino di fiducia, supermercato con prodotti biologici, online) e se possibile munirsi di erbe aromatiche fresche (menta, basilico, prezzemolo, timo, origano ecc.), da tenere sul balcone, sul davanzale della finestra, in giardino. Il secondo passo, se si mangiano carne e pesce, è quello di individuare macellerie, pescherie e aziende agricole che abbiano prodotti di provenienza certa e sicura, oppure scegliere il pesce surgelato leggendo bene in etichetta la provenienza.

Fare infine il pieno di cereali senza glutine e spezie. Siamo pronti a partire per resettare e rinvigorire il nostro corpo!

NEL FRIGORIFERO

Il frigorifero ci consente di pianificare i nostri menù per giorni e giorni, mantenendo freschi tutti i prodotti deperibili. È il luogo in cui guardare per preparare velocemente un pasto, perché fornisce una varietà di colori e sapori tali da non permettere che ci si annoi in cucina. Per esempio, se ho per pasto un piatto di riso scondito e poco tempo per preparare qualcosa da accostargli, apro il frigorifero e trovo sicuramente qualcosa: vegetali fermentati, salse, creme, legumi ecc.

* frutta e verdura fresca
* latte vegetale, pag. 81
* yogurt di cocco, pag. 132
* creme e salse, pag. 180
* burro di mandorle (in estate), pag. 306
* vegetali fermentati, pag. 168
* uova (in estate)
* carne (preferibilmente bianca)
* legumi cotti
* pesce
* erbe aromatiche

NEL FREEZER

Il freezer è il posto migliore della cucina dove conservare gli alimenti che si usano meno di frequente o quelli preparati in più di proposito, ai quali attingere in caso di necessità: il pane a fette, i legumi, la base per una pizza ecc.

Non bisogna però commettere l'errore di stipare oltre l'inverosimile il freezer: si rischia di dimenticare per troppo tempo alcuni alimenti che, nonostante la refrigerazione, possono deteriorarsi o perdere eccessivamente le proprietà nutritive.

* pane a fette o panini, pag. 149
* piselli
* basi per crostate e pizza
* legumi cotti
* gelati
* residui di ortaggi (per insaporire il brodo)
* pancake dolci o salati, pag. 237 e pag. 345
* frutti di bosco
* erbe aromatiche

SPEZIE E PIANO DI LAVORO

Nel mio cassetto delle spezie il posto non è mai abbastanza. Le utilizzo praticamente in ogni pietanza. Oltre a fornire sapore e colore, sono ricche di principi attivi benefici. Sono una fan della curcuma (antiossidante, antitumorale, antinfiammatoria), dello zenzero (antinfiammatorio, immunostimolante, antidolorifico, antiossidante), del peperoncino (attivatore metabolico e immunostimolante), della cannella (saziante e riequilibrante la glicemia e i lipidi nel sangue).

SPEZIE
* curcuma
* cannella
* zenzero
* pepe
* peperoncino
* timo
* origano
* menta
* prezzemolo
* basilico

PIANO DI LAVORO
* limoni
* aglio
* cipolla
* frutta (d'inverno)
* verdura (d'inverno)
* uova (d'inverno)

FARINE E CEREALI INTEGRALI

I cereali integrali, coltivati da centinaia di anni, sono un patrimonio incredibile per l'umanità. Utilizzati non raffinati, sono ricchi di fibre, di vitamine, di minerali, di carboidrati, di proteine e di lipidi. Il vasto assortimento di colori, sapori e nutrienti rende possibile la creazione di infinite combinazioni culinarie, che inoltre mettono il turbo alla salute. Tutti i cereali della mia dispensa della salute sono senza glutine. Non è necessario averli tutti contemporaneamente, ma è importante ruotarli per poter usufruire delle loro innumerevoli proprietà. Il mio consiglio è quello di non comprare cereali raffinati, privati di fibre, vitamine e minerali, anche perché hanno un indice glicemico più alto.

* mix di farine senza glutine non raffinate
* farina di quinoa, miglio, riso, grano saraceno, ceci, castagne
* fiocchi d'avena (senza glutine se si è celiaci o intolleranti)
* riso basmati
* riso integrale
* riso Nerone
* quinoa
* miglio
* grano saraceno
* amaranto
* sorgo
* pasta senza glutine (possibilmente senza mais)

FRUTTA SECCA E SEMI

Una dispensa della salute non è tale se non è corredata di frutta secca e di semi, ricchi di oli benefici per la salute, in particolare di omega-3, e anche di proteine. Il modo migliore per consumarli è crudi, previo ammollo (ovviamente sgusciati), che li rivitalizza e riduce la quantità di acido fitico che potrebbe essere presente sulla superficie. Sono ottimi come snack da tenere in borsa in un contenitore, per fare il latte vegetale e arricchire le insalate. È preferibile conservarli in barattoli di vetro, perché i sacchetti di plastica possono rilasciare tossine. È meglio conservarli in frigorifero se non si utilizzano abitualmente, soprattutto d'estate.

* mandorle
* noci
* pecan
* nocciole
* anacardi
* pistacchi
* noci del Brasile
* noci di macadamia
* pinoli
* semi di zucca
* semi di sesamo
* semi di girasole
* semi di lino
* semi di chia
* burro di mandorle, pag. 306

LEGUMI

Ho sempre una piccola scorta di legumi secchi e di legumi cotti (congelati o sottovuoto). Sono ricchi di proteine, anche se hanno un limite: sono carenti di aminoacidi solforati quali la metionina e la cisteina, importanti per la sintesi del glutatione (potente antiossidante endogeno). Dovrebbero quindi essere associati ad alimenti che li contengono, come i cereali integrali. In genere si tende a cucinarli poco perché non si ha il tempo di metterli in ammollo e i tempi di cottura possono sembrare lunghi. In realtà basta metterli in ammollo la mattina prima di uscire di casa, sciacquarli al rientro e cucinarli con la pentola a pressione, che dimezza i tempi di cottura: in poco tempo avremo pronta la cena da mettere in tavola o il pranzo del giorno dopo oppure una scorta di legumi già cotti da tenere in frigorifero, nel freezer o sotto vuoto.

I legumi sono ben cotti quando l'interno risulta essere cremoso. Sono più digeribili se l'ammollo è prolungato e se vengono passati per rimuoverne la cuticola.

SECCHI
* fagioli cannellini
* fagioli borlotti
* fagioli rossi o neri
* ceci
* lenticchie intere o decorticate
* piselli

IN BARATTOLO
* fagioli di ogni tipo
* piselli
* ceci
* lenticchie

DOLCIFICANTI NATURALI

Nella mia dispensa non c'è posto per lo zucchero, né di barbabietola né di canna. So che può sembrare una scelta drastica, ma le mie competenze mediche mi portano a ritenere lo zucchero una delle minacce più grandi per la salute, come affermano numerosi studi scientifici. Predispone al carbo craving, al diabete, all'obesità e all'infiammazione sistemica. Sicuramente un cucchiaino di zucchero ogni tanto non può cagionare danno, ma preferisco non averne in dispensa e assumerne sporadicamente, quando mi capita fuori casa o in circostanze particolari e comunque limitate. Qualcuno potrebbe dire che gli anziani di oggi sono cresciuti a pane e zucchero. È vero! Ma non erano sottoposti, da piccoli e da giovani, a tutta la tossicità a cui tutti noi siamo sottoposti da alcuni anni. Abbiamo accumulato nel tempo tante tossine, pertanto ritengo giusto, per la mia famiglia e per me, evitare lo zucchero e scegliere di dolcificare in modo diverso e più salutare. Lo sciroppo e la crema di datteri a pag. 308 *sono la dimostrazione di come si possa dolcificare senza fare danni.*

* datteri
* uvetta
* vaniglia
* miele
* sciroppo d'acero

CONDIMENTI

Condire con gusto e in modo sano arricchisce di grassi buoni i nostri piatti. È sempre bene evitare le fritture, che alterano la struttura chimica degli oli, e prediligere il condimento a crudo. È opportuno conservare gli oli in barattoli o bottiglie di vetro scuro, lontano da fonti di calore e dalla luce, per prevenirne l'ossidazione e l'irrancidimento. Meglio l'aceto di mele non pastorizzato e fermentato naturalmente rispetto a quello di vino. L'aceto di mele è utilizzato come medicina da tantissimo tempo: come disintossicante epatico per uso interno e per lenire le punture d'insetto per uso esterno. Come sale utilizzo prevalentemente quello integrale o rosa perché è più ricco di minerali.

* olio extravergine d'oliva
* olio di cocco
* olio anti-aging, pag. 182
* aceto di mele
* sale rosa o integrale

ACQUA

Senza acqua non c'è vita! È importante assicurarsi che quella che si beve non sia contaminata. Se ci sono dubbi circa l'acqua del rubinetto, portarne un campione alla ASL e farla analizzare. In alcune zone d'Italia, Roma compresa, gli acquedotti trasportano anche veleni come cianuro e metalli pesanti. Informarsi sulla qualità dell'acqua che viene erogata a pagamento nella propria casa è un buon modo per iniziare a occuparsi di se stessi.

* filtrata (caraffa filtrante o filtri fissi)
* in bottiglia (meglio se di vetro)

PER I LIEVITATI

I lieviti attivi, secchi o chimici (ma naturali), consentono di dare ogni forma desiderata alle farine e di preparare pietanze che possono essere conservate a temperatura ambiente, in frigorifero e in freezer. Assicurarsi che siano privi di alluminio (leggere le etichette) e preferibilmente certificati senza glutine.

* lievito secco
* lievito fresco
* lievito madre
* polvere lievitante per dolci
* polvere lievitante per salati
* bicarbonato di sodio

SUPERALIMENTI

Molti dei cibi conservati nella dispensa della salute e nel frigorifero possono essere inseriti nella categoria dei superalimenti. Si tratta di cibi funzionali che hanno la capacità di promuovere la salute e che possiedono proprietà benefiche oltre che nutritive. Ecco una breve lista di cibi ricchi di antiossidanti, fitochimici, minerali e vitamine.

* tè verde matcha
* bacche di goji
* cranberry (mirtillo rosso americano)
* mirtilli
* polline
* melograno
* semi di canapa
* semi di lino
* semi di chia

ACIDO FITICO: COME PREPARARE CEREALI, SEMI, LEGUMI E FRUTTA SECCA PER IL CONSUMO

I cereali integrali, i legumi, la frutta secca e i semi possiedono una forma di intelligenza che consente loro di crescere e trasformarsi in piante. Questa intelligenza rimane dormiente sino a quando si instaureranno le condizioni ideali per germogliare.

L'acido fitico, presente nella cuticola, li protegge quando sono chiusi in dispensa ed evita la germogliazione; è una scorta di fosforo ed energia che la natura pone a disposizione del germoglio. L'acido fitico è una sorta di tossina naturale che interferisce, nel nostro corpo, con l'assorbimento dello zinco, del magnesio, del ferro, del calcio, del manganese e inibisce alcune funzioni enzimatiche (lega cationi mono-, di- e trivalenti formando complessi insolubili). Viene considerato a tutti gli effetti un antinutriente.

Mettendo in ammollo i cereali integrali, i legumi, la frutta secca e i semi sgusciati, si attiva il processo di germogliazione che neutralizza l'acido fitico; in questo modo i minerali divengono più disponibili per l'assorbimento, così come gli enzimi attivati rendono più facile la digestione degli alimenti di cui sopra.

Quando una dieta è ricca di questi alimenti, il corpo può andare in carenza di minerali se non si provvede a rimuovere l'acido fitico.

L'ammollo, la germogliazione, la fermentazione e la tostatura possono, in diversi gradi, rimuovere l'acido fitico. Per anni e anni addietro nel passato, le nostre nonne e i nostri avi hanno utilizzato questi metodi per rendere più funzionali questi alimenti. Solo in epoca moderna, a causa della fretta e dello stress, per il pullulare di prodotti già pronti venduti nei supermercati, questi metodi sono stati accantonati, quasi dimenticati, forse ritenuti superflui. Ma non lo sono.

L'ammollo è fondamentale e basta organizzarsi per tempo. Un ammollo di 6, 12 o 24 ore, a seconda della grandezza del cereale, del seme, del legume o della frutta secca (io non supero mai le 12 ore), è l'*optimum* per rimuovere l'acido fitico, ma è importante, dopo l'ammollo, gettare l'acqua e sciacquare abbondantemente per rimuovere i residui.

Aggiungendo una piccola quantità di liquido acido, come il limone, l'aceto di mele o l'acqua di fermentazione dei vegetali fermentati (pag. 171), si attiva la fitasi, l'enzima che rompe l'acido fitico. Questa aggiunta non modifica in alcun modo il sapore dell'alimento.

Gli anacardi, i semi di canapa, i pinoli e le noci di macadamia non contengono acido fitico (se non in minima parte), pertanto il loro ammollo è consigliato solo per renderli più soffici se vengono convertiti in creme.

La tostatura rende la frutta secca e i semi più digeribili perché riduce l'acido fitico. Tostare non significa cuocere a lungo ma fare un passaggio in forno a circa 110-150 °C per 5-10 minuti. Gli alimenti così tostati possono essere conservati in un barattolo chiuso, sia nel frigorifero sia nella dispensa al riparo dalla luce. Per renderli nuovamente croccanti prima del loro consumo basta passarli nuovamente in forno per 5 minuti a 120 °C.

La tostatura può essere utilizzata anche per rimuovere l'acido fitico dai fiocchi d'avena. Per rimuoverlo dal pane fatto in casa, invece, è necessario cuocerlo bene ed evitare che all'interno rimanga troppo umido. Per far ciò, preferire tempi di cottura più lunghi e a temperature leggermente più basse (regolarsi in base al proprio forno), per favorire una cottura uniforme sia all'interno sia all'esterno.

Sebbene l'acido fitico sia considerato un antinutriente per i motivi suddetti, sembra possa essere utilizzato a scopo terapeutico nella prevenzione di alcune malattie e si resta in attesa di ulteriori studi.

Rimuovere una buona parte di acido fitico rende comunque gli alimenti più digeribili e biodisponibili.

Il programma Re-Start

Sarà facilissimo iniziare Re-Start, perché tutte le ricette A.M.S. di questo libro sono pensate appositamente per il programma. Basterà seguire le indicazioni riportate nelle tabelle settimanali per pianificare i propri menù.

Tutte le ricette sono senza glutine e senza latte e derivati. In questo modo sarà facile disintossicarsi da queste sostanze e provare a reintrodurle dopo un mese di Re-Start per testare se sono, per il proprio corpo, cibi trigger. Ovviamente chi già sa di essere celiaco, intollerante al glutine e/o al lattosio e alle proteine del latte non avrà necessità di fare altre prove e potrà procedere con il test degli altri cibi.

Il programma completo Re-Start prevede quattro settimane di modifiche allo stile di vita mediante le ricette A.M.S., la meditazione Re-Start, le tecniche di purificazione jihwa dhauti *e* lagu hankhaprakshalana.

Nulla vieta che, in base alle necessità personali, si possa per esempio proseguire per due settimane il programma della prima settimana, o seguire una sola settimana di detossinazione più forte o, in caso di salute già ottimale, adottare come stile di vita la quarta settimana, alla quale aggiungere la regola del 70:30.

Quale opzione scegliere dipende anche dallo stato del GUT; quindi, se non sono stati letti in modo approfondito i capitoli in cui se ne parla, meglio tornare indietro di qualche pagina per capire quali siano le proprie condizioni di partenza.

Tutte le ricette riportate nelle tabelle a pagg. 72-73 sono presenti nel libro, quindi sarà semplicissimo scegliere, in base al proprio gusto, quali prediligere.

Le ricette sono tutte per due persone di corporatura media, per un uomo e una donna, considerando una porzione inferiore per il gentil sesso. Ognuno sarà poi libero di scegliere le quantità che reputa idonee per se stesso.

Le quantità vanno adeguate in base alle proprie necessità, in base all'appetito e al dispendio energetico (c'è una netta differenza fra chi è sedentario e chi fa sport).

Dopo la quarta settimana e un'attenta valutazione del proprio stato di salute (soggettiva oppure oggettiva, in questo caso con l'aiuto del medico), è consigliabile proseguire con il nuovo stile di vita, previo test degli alimenti trigger. Ritengo che praticare *jihwa dauthi* tutte le mattine sia un buon modo per iniziare la giornata: un'abitudine che si può mantenere, senza cruccio se qualche volta si dimentica di farlo, perché, in passato, non avendolo mai praticato, ci si è intossicati ben di più di quanto possa fare qualche dimenticanza.

Di tanto in tanto, una volta al mese o ogni due, sarebbe bene ripetere il test della saliva per la candida, per controllare se è tutto in ordine e soprattutto verificare, al termine delle quattro settimane, qualora essa fosse stata evidente all'inizio, se è ancora ampiamente o poco presente. Se presente, consultare il proprio medico di riferimento.

Consiglio inoltre di riservarsi i cinque minuti di meditazione Re-Start, qualora non fosse possibile ogni giorno, almeno due o tre volte alla settimana.

Per quanto riguarda lagu shankhaprakshalana, dopo averlo eseguito per quattro settimane la mattina al risveglio, si può optare per eseguirlo una volta alla settimana oppure ogni 15 giorni o una volta al mese. Chi soffriva di stitichezza prima di Re-Start dovrebbe mantenere una frequenza settimanale (2-4 volte), per evitare che l'intestino si ingorghi eccessivamente.

Al termine della quarta settimana si può iniziare a testare i cibi trigger, uno alla volta, per due pasti al giorno e per due giorni consecutivi, per poi tornare al menù Re-Start per i due giorni successivi. Osservare le reazioni del corpo, scriverle nel proprio diario e proseguire con i test.

Una volta testati tutti i cibi che si ha desiderio di mangiare, tirare le somme leggendo il diario e decidere se reintrodurli o meno nella propria alimentazione.

Ognuno sarà in grado di valutare se i sintomi che accuserà, come il gonfiore addominale, la colite, il mal di testa, le eruzioni cutanee ecc., siano tollerabili oppure no. Qualcuno potrebbe non averne affatto. Se presenti, avendo compreso che sono manifestazioni di un disagio del GUT che può sfociare in malattia, il libero arbitrio sarà la bussola che consentirà di decidere la via da seguire.

Re-Start è semplice da seguire, flessibile e le ricette sono facili. Non si dovrà rinunciare al piacere di mangiare, perché le ricette sono tutte gustose e variegate, saporite e anche dolci.

Le quattro settimane di Re-Start sono necessarie per mettere in atto la detossinazione e il reset del GUT. La terza settimana è la più dura, con molti pasti liquidi che tengono a riposo l'intestino affinché abbia modo di espellere anziché assorbire. Le altre tre mirano all'acquisizione di un nuovo stile di vita, alla conoscenza di alimenti magari ignorati, alla cura di se stessi in modo più consapevole.

Generalmente sono sufficienti le quattro settimane per ripristinare un equilibrio accettabile ma, in caso di intossicazione e ingolfamento molto marcato, si può estendere ulteriormente il programma, per esempio seguendo per due o tre settimane il programma della terza settimana oppure per quattro o cinque settimane il programma della seconda. Nulla vieta di alternare, in base alle proprie necessità e condizioni, la settimana 2 alla 3 per un mese. Se invece il modo di alimentarsi non è poi così sbagliato e non si accusano tanti fastidi, si può seguire il programma della prima settimana per un mese intero, per poi passare alla quarta, da adottare come stile di vita, sempre con la regola 70:30.

RE-START settimana 1: detox leggero

Inizio della detossinazione in modo leggero e non traumatico. Ogni cambiamento drastico e improvviso provoca stress e non è questo l'obiettivo prefissato, bensì la riduzione progressiva dello stress cronico non gestito, delle sue somatizzazioni psico-fisiche, del calo delle energie e dell'intossicazione.

	Lunedì	Martedì	Mercoledì	Giovedì	Venerdì	Sabato	Domenica
COLAZIONE	Smoothie	Porridge	Succo	Toast	Smoothie	Smoothie	Pudding
PRANZO	Quinoa e insalata	Riso integrale e verdure	Purea di batata e insalata	Insalata di ceci, carote viola e avocado	Smoothie	Riso Nerone con aglio fermentato e avocado	Smoothie
CENA	Uova o salmone con insalata	Smoothie	Omelette al prezzemolo (senza frutta)	Polpette di quinoa e zucchine	Quinoa ai cetrioli fermentati	Cuore di nasello con pepe e verdure	Smoothie
SNACK	Una manciata di mandorle	Una manciata di anacardi	Succo	Biscotti all'uvetta	Succo	Una manciata di mandorle	Succo

Nota: sostituire i pasti che non sono di gradimento con uno scelto nella stessa categoria. Se vegani, consumare i pasti contrassegnati con la (V).

RE-START settimana 2: detox medio

In questa settima la detossinazione è più marcata e volta alla ripopolazione del microbiota, pertanto necessita dei vegetali fermentati. In caso di appetito, raddoppiare gli smoothie.

	Lunedì	Martedì	Mercoledì	Giovedì	Venerdì	Sabato	Domenica
COLAZIONE	Smoothie	Pudding	Smoothie	Pudding	Smoothie	Pudding	Smoothie
PRANZO	Smoothie + vegetali fermentati	Lenticchie rosse alla curcuma e peperoncino + vegetali fermentati	Hummus di ceci + vegetali fermentati	Hamburger di quinoa e cannellini + vegetali fermentati	Crostatine salate (omettere l'uovo se (V)) + vegetali fermentati	Insalata croccante + vegetali fermentati	Polpette di quinoa e zucchine + vegetali fermentati
CENA	Polpette di tacchino alla crema di carote e anacardi	Succo	Insalata in verde	Succo	Succo	Succo	Purea di piselli e nocciole tostate
SNACK	Barretta al limone	Tartufini al cacao e mandorle	Barretta al limone	Tartufini al cacao e mandorle	Barretta al limone	Biscotti alla mela, carota e batata (senza smoothie)	Biscotti alla mela, carota e batata (senza smoothie)

Nota: sostituire i pasti che non sono di gradimento con le ricette contenute nello stesso capitolo.

RE-START settimana 3: detox forte

La terza settimana probabilmente sarà la più difficile perché prevede molti pasti liquidi al giorno. In base alle proprie esigenze, si può decidere se consumare il pasto solido a pranzo o a cena, invertendoli. Se V omettere uova, carne e pesce e scegliere le ricette fra le insalate.

	Lunedì	Martedì	Mercoledì	Giovedì	Venerdì	Sabato	Domenica
COLAZIONE	Frullato con latte di mandorle e 1 frutto	Smoothie	Smoothie	Frullato con latte di anacardi e 1 frutto	Smoothie	Smoothie	Yogurt di cocco
PRANZO	Libero fra primi piatti e piatti unici	Libero fra primi piatti e piatti unici	Libero fra uova, carne e pesce	Libero fra primi piatti e piatti unici	Libero fra primi piatti e piatti unici	Libero fra uova, carne e pesce	Libero fra uova, carne e pesce
CENA	Succo	Succo	Latte di mandorle	Succo	Succo	Latte di mandorle	Latte di mandorle + succo
SNACK	5-6 mandorle	5-6 anacardi	5-6 mandorle	5-6 anacardi	5-6 mandorle	5-6 anacardi	5-6 anacardi + 5-6 mandorle

Nota: sostituire i pasti che non sono di gradimento con le ricette contenute nello stesso capitolo.

RE-START settimana 4: energia!

La quarta settimana sarà quella che metterà il turbo alle energie perché troverà un GUT in buona forma, in grado di trasformare in salute tutto il cibo ingerito, ed è anche la settimana che premia con dolci gustosi e gratificanti.

	Lunedì	Martedì	Mercoledì	Giovedì	Venerdì	Sabato	Domenica
COLAZIONE	Toast wake up + succo	Porridge di grano saraceno con latte di macadamia	Chia pudding con frullato e frutta fresca	Crema di grano saraceno crudo e bacche di goji con frutti di bosco	Quinoa con verza viola fermentata e uova al peperoncino	Salad breakfast con tè verde matcha	Crostata di pere al miele e cannella
PRANZO	A scelta fra i primi piatti + vegetali fermentati	A scelta fra i piatti unici + vegetali fermentati	Pizza (a scelta fra le ricette)	Pane rustico proteico + insalata	Sorgo con ceci e verza fermentata	Zucchine ripiene con avena, batata e tonno	Crostata alla bieta gialla (o altra verdura di stagione)
CENA	A scelta fra uova, carne e pesce	A scelta fra uova, carne e pesce	A scelta fra uova, carne e pesce	A scelta fra uova, carne e pesce	A scelta fra uova, carne e pesce	A scelta fra uova, carne e pesce	A scelta fra uova, carne e pesce
SNACK	A scelta nel capitolo dolci e snack	A scelta nel capitolo dolci e snack	A scelta nel capitolo dolci e snack	A scelta nel capitolo dolci e snack	A scelta nel capitolo dolci e snack	A scelta nel capitolo dolci e snack	A scelta nel capitolo dolci e snack

Nota: sostituire i pasti che non sono di gradimento con le ricette contenute nello stesso capitolo. Se V, a cena prediligere i legumi.

LE RICETTE

Legenda:

- V vegan
- E energizzante e/o dieta di eliminazione
- D detox
- P proteico

Latte, smoothie e succhi

Bere è basilare per la salute: siamo composti da circa il 65-75% di acqua.

È opportuno scegliere con oculatezza anche cosa bere. Acqua? Sicuramente sì. Ma quale acqua? L'acqua del rubinetto è spesso addizionata con cloro, necessario per abbassare la carica microbica, ma è anche, in alcune zone d'Italia, troppo ricca di calcio nonché inquinata da metalli pesanti, tossine e veleni come il cianuro. È opportuno informarsi circa la qualità dell'acqua che viene erogata nella propria zona geografica.

Anche l'acqua in bottiglia non è scevra da rischi. Spesso la plastica utilizzata rilascia sostanze tossiche, soprattutto se è esposta al sole. Sovente contiene troppi nitriti, che sono notoriamente cancerogeni, e un residuo fisso troppo elevato che può favorire la calcolosi renale (è consigliabile acqua con residuo fisso inferiore a 150 mg/L a 180 °C); può contenere tracce di veleni non dichiarati (ma esistono tabelle da consultare reperibili online) ecc.

Si può utilizzare acqua filtrata, anche se spesso l'efficienza dei filtri delle caraffe filtranti è messa in discussione. Informarsi sempre sulle caratteristiche delle stesse prima di acquistarle, perché i filtri non sono tutti uguali.

Per la mia famiglia utilizzo acqua filtrata e di bottiglia (di vetro o di plastica) e molto poco l'acqua del rubinetto perché ha un odore e un sapore di cloro molto forte e una notevole quantità di calcio che lascia residui su ogni stoviglia, pentola ecc., come se fosse gesso.

Ognuno ovviamente è libero di fare la sua scelta.

Per le ricette del latte vegetale e degli smoothie che troverai di seguito, ho utilizzato acqua filtrata e/o di bottiglia.

Il latte vegetale fatto in casa, oltre a essere buono e genuino, fornisce minerali come il calcio e il magnesio; favorisce la peristalsi intestinale e il suo contenuto di lipidi fa bene alla pelle e alle mucose. Un bel bicchiere di latte, magari aromatizzato con vaniglia, cannella o cacao, è dissetante, nutriente e confortante. Può essere utilizzato per preparare gli smoothie, si può bere a colazione tal quale oppure può essere insaporito con la granola (pag. 109).

Lo si può utilizzare anche per cucinare, al posto del latte vaccino e della panna.

Per ottenere la panna vegetale basta dimezzare la quantità di acqua prevista per la preparazione del latte.

Gli smoothie e i succhi presenti nel capitolo sono tutti pensati per il Re-Start. Favoriscono la disintossicazione e sono rigeneranti ed energizzanti.

Dunque iniziamo: il primo passo è prendere il frullatore e la centrifuga/estrattore.

Latte di mandorle

V D E

Per 1 litro:

* 100 g di mandorle sgusciate (o 4 cucchiai di crema o burro di mandorle di pag. 306 o 100 g di farina di mandorle)
* 900 g di acqua filtrata o di bottiglia

Il latte di mandorla è una bevanda nutriente, dissetante e versatile che si può preparare in casa in meno di un minuto. Può essere dolcificato a piacere con datteri, miele, vaniglia ecc.; si conserva in frigorifero per 3 giorni chiuso in un barattolo o in una bottiglia di vetro e d'estate può essere congelato in cubetti da utilizzare all'occorrenza. Utile a colazione con la granola o in tutte le preparazioni in cui si utilizza normalmente il latte vaccino.

Preparazione

Mettere in ammollo le mandorle in acqua filtrata o di bottiglia dalle 2 alle 8 ore (saltare questo passaggio se viene utilizzata la farina o la crema o il burro di mandorle). Sciacquare le mandorle e frullarle per circa 1 minuto con l'acqua utilizzando un frullatore ad alta potenza. Se si gradisce un latte più liquido, filtrare con un colino o una mussolina, altrimenti evitare questo passaggio. Conservare in frigorifero.

Latte vegetale: anacardi, noci, nocciole, macadamia, cocco, avena, riso

V D E

Per 1 litro:

* 200 g di frutta secca (o farina o burro di frutta secca, v. pag. 306) o di cocco fresco o farina di cocco o 50 g di fiocchi d'avena o 100 g di riso integrale o basmati cotto
* 800 g di acqua filtrata o di bottiglia

La frutta secca o frutta oleosa è spesso destinata a un uso saltuario, invece è un valido alleato per la salute e per la linea, al contrario del mito comune che faccia ingrassare. Nelle dosi giuste aiuta a controllare l'appetito e a fornire nutrienti, vitamine e minerali indispensabili per il nostro benessere.
Il latte vegetale da essa ricavato è delizioso come drink, è ottimo per la preparazione dei dolci e soprattutto a colazione, sia da bere sia per la preparazione della stessa. Il cocco, invece, sia fresco sia disidratato, è un'ottima fonte di fibre e acidi grassi a media catena, tra cui l'acido laurico, che si è dimostrato in grado di innalzare i livelli di colesterolo buono HDL, esercitando un effetto protettivo per le malattie cardiovascolari.

Preparazione

Mettere in ammollo la frutta secca in acqua filtrata o di bottiglia dalle 2 alle 8 ore (saltare questo passaggio se si usano la farina, il burro, il cocco, l'avena o il riso). Sciacquare la frutta secca e frullarla per circa 1 minuto con l'acqua utilizzando un frullatore ad alta potenza. Se si gradisce un latte più liquido, filtrare con un colino o con una mussolina, altrimenti evitare questo passaggio. Conservare in frigorifero.

Limonata fermentata

V D E

Per 2 bicchieri

* 1 limone biologico
* 500 ml di acqua di fermentazione
* 1 cm di zenzero fresco

È ormai assodato che l'acqua con il limone sia benefica, reidratante, rigenerante, attivatrice del metabolismo, depurativa, detossinante. È una sana abitudine berne un bicchiere al risveglio tutte le mattine, sia a temperatura ambiente sia tiepida, per aiutarci a mettere in moto il nostro corpo.
Perché non impreziosirla con i probiotici che migliorano lo stato del GUT? Si può utilizzare quindi l'acqua di fermentazione dei vegetali ricca di probiotici (pag. 168) e in pochi secondi possiamo gustare una bevanda dissetante, disintossicante e riequilibrante.

Preparazione

Lavare e tagliare a fettine un limone biologico. Grattugiare lo zenzero fresco. Versare in un bicchiere o in una bottiglia di vetro l'acqua di fermentazione dei vegetali (quella dei cetrioli o delle carote che sono terminati e che hai conservato andrà benissimo), quindi aggiungere il limone e lo zenzero. Si può bere all'istante o conservare in una bottiglia di vetro o in un thermos per 1 giorno. Utilissima da portare al lavoro e sorseggiare durante la giornata, così come sarà dissetante e salutare per i bambini a scuola.

Acqua al limone, zenzero e kiwi

V D E

Per 1 litro:

* 2 limoni biologici
* 2 kiwi
* 2 cm di zenzero fresco
* 1 litro di acqua filtrata o di bottiglia

Quando si cerca qualcosa di rinfrescante e dissetante, non è necessario ricorrere alle bevande commerciali ricche di zucchero o edulcoranti: è sufficiente attingere alla dispensa o al frigorifero per ottenere un drink a basso costo nonché ad altissimo rendimento, benefico poiché ricco di vitamine, minerali e antiossidanti.

Preparazione

Lavare e tagliare i limoni, i kiwi e lo zenzero. Posizionarli sul fondo di una brocca e riempirla con l'acqua. Lasciare in infusione per qualche minuto prima di bere. Quando avrai terminato l'acqua, potrai utilizzare il contenuto per fare un frullato. In questo modo non andrà sprecato nulla.

***Nota:** per aromatizzare si può aggiungere qualche fogliolina di menta fresca.*

Succo di carota viola e limone

V D E

Per 1 bicchiere:

* 3 carote
* 1 limone biologico

I succhi si ricavano con l'estrattore di succo o mediante le centrifughe. Con alcune di esse si può regolare la quantità di fibre rimosse.
Le carote viola sono di origine italiana, di solito le compro al supermercato vicino casa e qualora non dovessi reperirle, le sostituisco con le carote tradizionali che vanno ugualmente bene.

Preparazione

Lavare le carote e privarle delle estremità. Tagliare il limone e rimuovere i semi. Utilizzare l'estrattore o la centrifuga per ottenere il succo.
Consumare il prima possibile.
Si conserva in frigorifero per un massimo di 12 ore, altrimenti si ossida. Questo la dice lunga sui succhi commerciali che per mesi rimangono, senza ossidarsi, sugli scaffali dei supermercati o nelle dispense.

***Nota:** si può aggiungere 1 cm di zenzero fresco per rendere il succo più antiossidante e antinfiammatorio.*

Succhi

V D E

Succo di limone e finocchio

Per 1 bicchiere:

* 1 finocchio
* 1 limone biologico

Limone e finocchio sono un connubio perfetto di sapori. Il succo risulta dissetante, rinfrescante, rigenerante e inoltre aiuta a ridurre il gonfiore addominale.

Preparazione

Lavare il finocchio e il limone. Sbucciare il limone se non si gradisce il sapore della buccia, tagliarlo ed eliminare i semi. Utilizzare l'estrattore o la centrifuga per ottenere il succo. Consumare quanto prima o conservare in frigorifero per un massimo di 12 ore.

V D E

Succo di barbabietola e limone

Per 1 bicchiere:

* 1-2 barbabietole rosse crude
* 1 limone

La barbabietola rossa è un potente alleato per la salute. Generalmente si trova al supermercato già cotta al vapore e non a tutti piace per il sapore terroso che ha, ma consumata cruda sotto forma di succo o nelle insalate è veramente buona. Questo consente di apprezzarne le proprietà depuratrici e disintossicanti a livello epatico e intestinale, nonché protettrici del sistema circolatorio perché favorisce la vasodilatazione. Tale caratteristica la rende utile, per esempio, in caso di ipertensione arteriosa e di diabete mellito. Contiene la betaina, un antinfiammatorio che aiuta a contrastare l'invecchiamento cellulare e migliora la resistenza alla fatica fisica; è però da evitare in caso di calcolosi renale perché contiene ossalato di calcio che può peggiorare tale condizione.

Preparazione

Lavare le barbabietole e tagliarle. Lavare e tagliare il limone, privarlo di semi e buccia. Estrarre il succo con l'estrattore o la centrifuga. Consumare quanto prima o conservare in frigorifero per un massimo di 12 ore.

Drink

V D E

Turmeric drink

Per 1 bicchiere:

* 200 ml di acqua filtrata o di bottiglia o latte di mandorle
* 1 cucchiaino di curcuma
* 1 limone biologico

"Turmeric" o curcuma è la spezia dorata di origine orientale dalle proprietà prodigiose. È antiossidante e antinfiammatoria, preventiva per le malattie cardiovascolari e il cancro e favorente il dimagrimento. Il *turmeric drink* è davvero buono e velocissimo da preparare.

Preparazione

Spremere il limone e versare il succo in un bicchiere. Aggiungere la curcuma e scioglierla nel limone mescolando con un cucchiaino. Aggiungere l'acqua e mescolare. Bere al momento.

V D E

Acqua, limone, miele e zenzero

Per 1 bicchiere:

* 1 limone biologico
* 1 cm di zenzero fresco
* 1 cucchiaino di miele di castagno o di Manuka
* 1 bicchiere di acqua filtrata o di bottiglia

Quando voglio una sferzata di energia al mattino o in qualsiasi momento della giornata, oppure ho un inizio di raffreddore o di mal di gola perché ho parlato tanto, ricorro a questo tris della salute, che è disinfettante, immunostimolante e rigenerante.

Preparazione

Spremere il limone e ricavarne il succo; grattugiare lo zenzero. Unire ai restanti ingredienti e sorseggiare immediatamente facendo rimanere in bocca, per almeno 1 minuto, ogni sorso, affinché i principi attivi possano agire localmente.

V D E

Latte di carota

Per 1 bicchiere:

* 2 carote
* 1 cucchiaino di curcuma
* 1 cucchiaino di crema di mandorle
* 2 datteri o 1 cucchiaino di miele
* 150 ml di acqua o latte vegetale (pag. 81)

Le carote contengono betacarotene, il precursore della vitamina A, utile per la pelle, le mucose e la vista. Frullarle crude, così come cuocerle brevemente, rende questo principio più disponibile a essere assorbito con facilità.

Preparazione

Lavare, sbucciare e tagliare le carote. Frullarle con i restanti ingredienti. Bere subito.

Acqua di cocco al cacao e mandorle

V D P E

Per 2 bicchieri:

* acqua di una noce di cocco
* 1 cucchiaino di cacao crudo o tostato
* 4-5 mandorle o 1 cucchiaino di burro di mandorle (pag. 306)

Se hai la fortuna di poter acquistare una noce di cocco di provenienza certa, hai un buon modo per approvvigionarti di acqua di cocco, che è dissetante, reidratante, energizzante, immunostimolante e drenante. Contiene inoltre acido laurico, che ha proprietà antibatteriche, antifungine e antimicrobiche. Si può utilizzare la polpa del cocco per aggiungerla alle insalate, consumarla tal quale o per preparare il latte di cocco (pag. 81).

Preparazione

Aprire la noce di cocco e prelevare l'acqua. Frullarla insieme al cacao e alle mandorle. Consumare subito.

Nota: *l'acqua di cocco è reperibile anche confezionata. Assicurarsi che sia di provenienza certificata prima di acquistarla e che non sia contenuta in lattine di alluminio.*

Smoothie al cetriolo e spirulina

V D E

Per 1 bicchiere grande:

* 1 cetriolo
* 1 cucchiaino colmo di spirulina
* 1 rametto di prezzemolo fresco
* succo di 1 limone
* 1 cucchiaino di miele o di sciroppo d'acero
* 1 cucchiaino di crema di mandorle (pag. 306)
* 150 ml di acqua filtrata o di bottiglia

La spirulina è un'alga azzurra diffusa nelle acque salmastre e contiene clorofilla e aminoacidi essenziali. Ha proprietà antiossidanti ed è ricca di vitamine.
La spirulina ha un alto contenuto proteico: circa 65 g su 100 g di prodotto. Aumenta il senso di sazietà ed è pertanto molto utile quando è necessario ridurre l'apporto di nutrienti. La spirulina in polvere è reperibile in farmacia, in erboristeria e online.

Preparazione

Lavare il cetriolo e spremere il limone. Frullare insieme ai restanti ingredienti. Consumare nell'immediato.

Nota: *alcune persone, se eccedono con l'assunzione della spirulina, lamentano senso di nausea, che non va confuso con il senso di sazietà. Se la nausea persiste, sospenderne il consumo.*

Smoothie (1)

V D E

Preparazione
Frullare gli ingredienti e consumare il prima possibile. Se è necessario conservare lo smoothie più a lungo, per esempio per portarlo al lavoro, aggiungere del succo di limone anche dove non è previsto.

Lamponi e datteri
(antiossidante e skin booster)

Per 1 bicchiere grande:
* 1 tazza di lamponi freschi o congelati
* 2 datteri denocciolati
* 200 ml di acqua filtrata o di bottiglia o latte di mandorle (pag. 79)

Mela e curcuma
(antiossidante e saziante)

Per 1 bicchiere grande:
* 1 mela
* 1 cucchiaino di curcuma
* succo di mezzo limone
* 200 ml di acqua filtrata o di bottiglia

Rapa rossa e cacao crudo
(disintossicante ed energizzante)

Per 1 bicchiere grande:
* 1 rapa rossa cruda
* 1 cucchiaino di cacao crudo
* 2 datteri denocciolati
* 200 ml di acqua filtrata o di bottiglia

Lo sapevi che: *per noi italiani "una mela al giorno toglie il medico di torno" così come per gli inglesi "an apple a day keeps the doctor away". Gli spagnoli, invece, fanno i complimenti dicendo "sano como una manzana" (sano come una mela) mentre al contrario i francesi dicono "ridé comme une vieille pomme" (essere rugoso come una mela vecchia). Ogni popolo utilizza la mela per descrivere lo stato di salute, di malattia, la bellezza e la vecchiaia.*

Smoothie (2)

Preparazione
Frullare gli ingredienti e consumare il prima possibile. Se è necessario conservare lo smoothie più a lungo, per esempio per portarlo al lavoro, aggiungere del succo di limone anche dove non è previsto, a eccezione dello smoothie al cacao.

Lo sapevi che: *l'ananas, il cetriolo, la menta e il cacao sono preziosi alleati per la* remise en forme. *Da soli o in sinergia favoriscono la riduzione della cellulite, il drenaggio linfatico e il dimagrimento.*
Quando si avvicina la stagione primaverile ed estiva, potrebbe essere utile scegliere un giorno della settimana in cui nutrirsi con questi smoothie. In generale, sarebbe una buona idea consumare almeno uno smoothie a colazione per mettere il turbo al metabolismo, fornire vitamine, minerali, fitonutrienti e acqua.

V D E

Ananas e datteri
(antinfiammatorio, attivante metabolico, antiedemigeno)

Per 1 bicchiere grande:
* ½ ananas (non gettare il torsolo che contiene la bromelina)
* 3 datteri denocciolati
* 150 ml di acqua filtrata o di bottiglia

Cetriolo e menta
(drenante e rinfrescante)

Per 1 bicchiere grande:
* 1 cetriolo
* 3-4 foglioline di menta
* succo di ½ limone
* 200 ml di acqua filtrata o di bottiglia

Cacao crudo
(saziante e attivatore metabolico)

Per 1 bicchiere grande:
* 1 cucchiaio di cacao crudo
* 1 cucchiaio di burro di mandorle (pag. 306) o latte di mandorle (pag. 79)
* 2 datteri denocciolati
* 200 ml di acqua filtrata o di bottiglia

Smoothie (3)

Preparazione

Frullare gli ingredienti e consumare al momento oppure entro qualche ora.

V D E

Mango, ananas, limone, cocco

(esotico, saziante, remineralizzante)

Per 1 bicchiere grande:

* ½ mango
* ¼ di ananas
* succo di ½ limone
* 1 cucchiaio di farina o scaglie di cocco
* 150 ml di acqua filtrata o di bottiglia

Lo sapevi che: *i frutti di bosco quali mirtilli, more, lamponi, ribes, fragoline di bosco, more di gelso e bacche del sambuco nero hanno molte proprietà terapeutiche. Per esempio i lamponi sono diuretici e antiossidanti; i mirtilli contengono antociani, antiossidanti utili per la parete dei capillari; il ribes è antiossidante e diuretico. Consumarli, conoscendone la provenienza e controllandone la tracciablità, è un buon modo per favorire la salute.*

Ananas, limone e frutti di bosco

(antiossidante, antiedemigeno e antinfiammatorio)

Per 1 bicchiere grande:

* ½ ananas
* succo di ½ limone
* 1 tazza di frutti di bosco freschi o congelati

Smoothie al cardamomo

V D E

Per 1 bicchiere grande:

* 1 mela
* succo di mezzo limone
* 5 mandorle o 1 cucchiaino di burro di mandorle (pag. 306)
* 5-6 grani di cardamomo macinati
* 200 ml di acqua filtrata o di bottiglia

Il cardamomo è una spezia poco utilizzata nel nostro Paese e che possiede moltissime proprietà. Appartiene alla stessa famiglia dello zenzero ed è conosciuta fin dai tempi dei Greci e dei Romani. È utilizzato nella medicina tradizionale tibetana, alla quale sono molto affezionata, per la cura delle infezioni dentarie, per il mal di gola, per i disordini digestivi e per la calcolosi biliare (in quest'ultimo caso, farne un utilizzo oculato poiché, nel tentativo di curare la calcolosi, il cardamomo potrebbe scatenare una colica). È considerato afrodisiaco e le sue proprietà sono decantate anche nella celebre raccolta di novelle orientali *Le mille e una notte*.

Preparazione

Frullare tutti gli ingredienti e bere nell'immediato. Io lo trovo ottimo per la colazione o come spuntino pomeridiano.

福

Power golden milk

V D E

Per 1 tazza:

* 1 cucchiaio di curcuma
* 1 cucchiaio di semi di lino
* 10 mandorle sgusciate
* 1 cm di zenzero fresco
* 200 ml di acqua filtrata o di bottiglia
* 1 punta di cucchiaino di cannella

La **curcuma** ha proprietà antiossidanti, anti-invecchiamento e preventive delle malattie cardiovascolari; facilita il dimagrimento e sembra aiuti a prevenire alcuni tipi di tumori.

I **semi di lino** contengono gli omega-3, che sono dei potenti antinfiammatori, riducono l'infiammazione silente e facilitano il controllo dell'assetto lipidico nel sangue.

La **cannella** induce senso di sazietà e favorisce la digestione.

Lo **zenzero** è antiossidante, antinfiammatorio, utile contro la gastrite e contro i danni da FANS. Protegge i telomeri dall'invecchiamento. I telomeri sono le estremità terminali dei cromosomi che sono costituiti dal DNA (il nostro meraviglioso patrimonio genetico).

Esistono alimenti, fitoterapici, vitamine e nutraceutici che hanno un effetto benefico sulla salute e che ci aiutano a prevenire le malattie. Alcuni sono estremamente costosi e quindi non accessibili a tutti; altri, fortunatamente, sono molto più economici e facilmente reperibili. In Oriente, in particolare mi riferisco all'India e al Tibet, vengono utilizzate le spezie in ogni pietanza e bevanda. Sul web si trovano continuamente ricette di bevande antiossidanti ricche di curcuma ispirate all'Oriente, ma vengono proposte con un errore veramente grossolano che inficia la maggior parte dei benefici che questa spezia possiede: utilizzarla cotta.
I principi attivi della curcuma, *in primis* la curcumina, sono termolabili e pertanto si degradano con l'aumento della temperatura. Non a tutti piace il sapore della curcuma, che ha un retrogusto amarognolo, ma in questo mio *power golden milk* il sapore è totalmente "camuffato" e compensato dagli altri ingredienti per un risultato vellutato, delizioso e soprattutto benefico.

Preparazione

Sbucciare e grattugiare lo zenzero e inserirlo insieme agli altri ingredienti in un frullatore; frullare per circa 30 secondi e servire. Bere quanto prima. Io lo preparo spesso a colazione.

Nota: *questo "power golden milk" è un concentrato di salute: è antiossidante e preventivo delle malattie. Utile per tutti ma soprattutto per chi soffre già di malattie cardiovascolari, diabete mellito, artrite, artrosi e patologie degenerative, dolori muscolari ecc. Il sapore è veramente gradevole e piace molto ai bambini.*

Colazione

Apri gli occhi ogni mattina, ti prepari a vivere e ad affrontare la giornata e puoi scegliere liberamente se iniziarla nel modo giusto per te: a digiuno, con una colazione scarsa, adeguata, abbondante, dolce, salata, liquida ecc.

Abbiamo una vita piuttosto pianificata ma non possiamo sempre prevedere cosa ci riserverà la giornata in termini di impegni, stress e imprevisti; credo sia meglio, quindi, affrontarla con la giusta quota di carburante.

Molte persone tendono a saltare la colazione nonché il pranzo, e a supportare il proprio sforzo psico-fisico solo con tanti caffè e zucchero, non sapendo, o forse sì, che gettano le basi per la dipendenza da zucchero e da sostanze stimolanti e predispongono la comparsa di sovrappeso, diabete mellito, ipertensione arteriosa ecc.

Così facendo si torna a casa la sera affamatissimi e si rischia di mangiare tutto ciò che si trova a portata di mano.

A tutti coloro che per mancanza di tempo o di organizzazione tendono a saltare il pranzo o a mangiare quello che capita a orari variabili, consiglio una supercolazione ricca di carboidrati, lipidi, proteine, vitamine, minerali ecc., che supporti il corpo e la mente durante la giornata mantenendo uno stato di salute, di benessere e d'efficienza. Lavorare e studiare senza energia rende nervosi e poco produttivi.

I bambini, poi, necessitano di doverose attenzioni e dovrebbero essere nutriti con amore e con alimenti che li sostengano senza affaticarli. Far iniziare la giornata con merendine o con biscotti contenenti grassi idrogenati, olio di palma, zucchero a non finire, latte vaccino ecc. è il modo migliore per affaticarli, farli innervosire a scuola a causa dei cali glicemici e del mal di pancia che possono avere a causa del latte (circa il 70% dei bambini italiani è intollerante al lattosio). Coinvolgere i bambini più grandi nella preparazione di colazioni sane e golose può essere un modo affinché facciano meno capricci quando è il momento di alzarsi al mattino e, al contempo, fare qualcosa con loro prima di portarli a scuola.

Qui sono proposte colazioni alternative al latte e biscotti o al cappuccino e cornetto, colazioni che richiedono al massimo cinque minuti per la preparazione, qualcuna anche meno. Ce ne sono di dolci e di salate, tutte collaudate in famiglia e dai miei pazienti adulti e piccini.

Buona colazione!

Granola

V D E

Per 1 barattolo da 500 g:

* 400 g di fiocchi d'avena senza glutine
* ½ tazza o 60 ml di olio extravergine d'oliva o olio di cocco
* 2 pizzichi di sale
* ½ tazza o 60 ml di sciroppo d'acero o di miele (xilitolo o stevia se si preferisce ridurre le calorie)
* bacche di goji o mirtilli o uvetta a piacere
* semi di zucca non salati o altro tipo a piacere

Sgranocchiare qualcosa di delizioso e sano è un buon modo per iniziare la giornata.
La granola fatta in casa è veramente una scoperta che cambierà il modo di vivere la colazione.
È buonissima nel latte vegetale o vaccino (per chi lo tollera), nello yogurt, sui frullati e anche da sola.
Ognuno può personalizzarne il gusto, variando gli ingredienti, partendo dalla stessa base di fiocchi d'avena (senza glutine per chi è intollerante). Se ne può mettere un po' in un contenitore da sistemare in borsa per poterla mangiare quando se ne ha il desiderio.

Preparazione

Accendere il forno a 120 °C ventilato e preparare una teglia antiaderente. Ricoprire la base con carta da forno. In una ciotola capiente unire i fiocchi d'avena, l'olio extravergine d'oliva o l'olio di cocco (reso liquido, se è inverno, sciogliendolo a bagnomaria), il sale e lo sciroppo d'acero o il miele. Mescolare sino a distribuire uniformemente gli ingredienti. Mettere i fiocchi d'avena nella teglia distribuendoli in modo uniforme.
Infornare per circa 25-30 minuti o fino a quando i fiocchi d'avena non saranno dorati. Sfornare e lasciar raffreddare.
Aggiungere i restanti ingredienti.
Chiudere in un barattolo e consumare all'occorrenza.

Porridge d'avena e latte di anacardi con cranberry

V D E

Per 2 persone:

* 120 g di fiocchi d'avena senza glutine
* 1 cucchiaio di sciroppo d'acero
* 200 ml di latte di anacardi (pag. 81)
* 1/2 cucchiaino di semi di vaniglia
* ½ cucchiaino di cardamomo macinato
* 1 cucchiaio di cranberry (o mirtilli o uvetta o bacche di goji)
* 1 cucchiaino di polline (omettere se vegani)

Il porridge d'avena è entrato da poco tempo a far parte della colazione italiana e purtroppo non della colazione di tutti. Fedeli al latte con i biscotti o al cappuccino con il cornetto, in molti non hanno avuto modo di apprezzare la bontà, nonché l'ecletticità, dei fiocchi d'avena, che si prestano a essere consumati in tanti modi.
L'avena è un alimento funzionale che contiene avenantramide e betaglucano, ritenuti in grado di ridurre i livelli di colesterolo cattivo (LDL), ripulire e lenire l'intestino, prevenire alcuni tipi di tumore come quello del colon e della mammella.

Preparazione

In un pentolino, mettere i fiocchi d'avena con il latte di anacardi, i semi di vaniglia, il cardamomo e lo sciroppo d'acero. Accendere il fuoco e far cuocere per circa 1-2 minuti, fino a quando i fiocchi d'avena non avranno assorbito il liquido. Servire con cranberry e polline.

Smoothie all'ananas e cannella con granola e bacche di goji

V D E

Per 2 persone:

* ½ ananas
* 200 ml di latte di mandorle o d'acqua
* 1 cucchiaino di cannella
* 5 cucchiai di granola o bacche di goji e polline (omettere se vegani)

Che bontà i frullati o gli smoothie!
Colorati, sani, ricchi di vitamine, minerali e antiossidanti. Questo smoothie all'ananas contiene bromelina, un'antiedemigeno naturale che favorisce la riduzione della cellulite e della ritenzione idrica.
Per renderlo così speciale bisogna usare anche il torsolo del frutto. La cannella ne aumenta le proprietà attivanti il metabolismo e gli conferisce un sapore speciale, ma se non la gradisci la puoi sostituire con i semi di vaniglia.

Preparazione

Sbucciare l'ananas, frullarlo con il latte di mandorle o con l'acqua e la cannella.
Versare in un bicchiere e aggiungere la granola (pag. 109) per una colazione nutriente e sana, oppure le bacche di goji e il polline per un pieno di antiossidanti.

Crema di grano saraceno crudo e bacche di goji con frutti di bosco

V D E

Per 2 persone:

* 100 g di grano saraceno
* 1 cucchiaio di aceto di mele o di succo di limone
* 1 cucchiaio di bacche di goji
* 1 cucchiaio di burro di mandorle (pag. 306)
* 1 cucchiaio di miele o di sciroppo d'acero
* 300 ml di latte vegetale (pag. 81)
* 1 cestino di frutti di bosco freschi o una tazza se congelati

Non tutti sanno che i cereali si possono consumare crudi, previo ammollo, che ha la funzione di rigenerarli e riattivarli nonché di eliminare l'acido fitico.
Il grano saraceno si presta a essere utilizzato in molte preparazioni dolci e salate: questa crema golosa ne è la dimostrazione. Con le bacche di goji, che sono ricche di antiossidanti così come i frutti di bosco, questa colazione colorata, ricca e nutriente consente di mettere il turbo alla giornata.

Preparazione

Mettere in ammollo il grano saraceno la sera prima con acqua e 1 cucchiaio di aceto di mele (o succo di limone) e scongelare i frutti di bosco (se non sono disponibili freschi).
La mattina seguente scolare il grano saraceno e sciacquarlo sotto l'acqua corrente. Mettere tutti gli ingredienti nel frullatore, fatta eccezione per metà dei frutti di bosco. Frullare sino a ottenere una consistenza cremosa. Versare in un bicchiere e guarnire con la frutta restante.

Chia pudding con frullato e frutta fresca

V D E

Per 1 barattolo da 300 ml:

PER IL PUDDING:

* 3 cucchiai di semi di chia
* 150 ml di latte vegetale (pag. 81)
* ¼ di cucchiaino di semi di vaniglia
* 1 cucchiaino di sciroppo d'acero

PER IL FRULLATO:

* 200 g di frutta fresca (nella foto frutti di bosco)
* succo di ½ limone
* 100 ml di acqua filtrata

PER LA FRUTTA E LA GUARNIZIONE:

* 100 g di frutta fresca (nella foto fragole biologiche non trattate)
* 2 cucchiai di fiocchi d'avena senza glutine

Il pudding è una preparazione dolce o salata, dalla consistenza gelatinosa, che può essere preparata sia con ingredienti poco salubri (opzione più gettonata), sia con ingredienti sani.
Questa è la mia versione preferita, con i semi di chia e il latte vegetale (mandorle o anacardi per lo più). I semi di chia o *salvia hispanica* contengono calcio, selenio, zinco, magnesio, potassio, una quantità bilanciata di grassi omega-6 e omega-3 (questi ultimi nella quantità di 20 g per 100 g di chia), aminoacidi (prevalentemente metionina, cisteina, lisina) e antiossidanti. Sono utili nel contrastare la glicemia alta, l'ipertensione arteriosa e l'ipercolesterolemia e inducono un discreto senso di sazietà, il che li rende particolarmente idonei nel controllo del peso corporeo.

Preparazione

La sera precedente o mezz'ora prima della colazione, mettere i semi di chia in un barattolo di vetro. Aggiungere il latte vegetale, i semi di vaniglia e lo sciroppo d'acero; chiudere con un coperchio e lasciar riposare in frigorifero se è estate, a temperatura ambiente se è inverno.
Preparare il frullato e versarlo sopra il pudding; ricoprire con i fiocchi d'avena e la frutta fresca. Gustare subito o chiudere il barattolo, conservare in frigorifero e consumare entro 24 ore.

Gelatina di chia e lamponi con mandorle

V D E

Per 1 barattolo da 250 ml:

* 3 cucchiai di semi di chia
* ½ cucchiaino di semi di vaniglia
* 1 cucchiaino di sciroppo d'acero
* 1 cestino di lamponi freschi (o altra frutta, circa 100 g)
* 10 mandorle
* 1 cucchiaio di succo di limone

Sapevi che in 30 minuti puoi preparare una gelatina alla frutta deliziosa, sana e nutriente?
Io l'ho sperimentata in diversi gusti, ma la mia preferita resta quella con i lamponi, da mangiare a colazione ma anche a merenda, da sola, con la frutta secca o spalmata su una fetta di pane.

Preparazione

In un barattolo di vetro schiacciare i lamponi con una forchetta, aggiungere i restanti ingredienti eccetto le mandorle e amalgamare con un cucchiaino. Lasciar riposare per 30 minuti in frigorifero. Nel frattempo sminuzzare al coltello le mandorle. Togliere il contenitore dal frigorifero, mescolare la gelatina e guarnire con le mandorle. Gustare subito. Si conserva in frigorifero (senza le mandorle) per 3 giorni.

Porridge

V D E

Porridge d'avena alla vaniglia

Preparare il porridge ai fiocchi d'avena ti ruberà solo un minuto della tua mattinata, regalandoti tante ore di benessere e sazietà. Non bisogna lasciarsi ingannare dall'aspetto colloso che nasconde tante proprietà e un sapore modificabile a piacimento in base agli ingredienti che si decide di accostargli.

Per 2 persone:

* 150 g di fiocchi d'avena senza glutine
* 300 ml di acqua filtrata o latte vegetale
* 1 cucchiaino raso di semi di vaniglia
* 1 bacca di vaniglia
* 1 cucchiaio di miele o sciroppo d'acero
* 1 pizzico di sale integrale
* 1 cucchiaio di uvetta e/o mirtilli disidratati

Preparazione

Mettere i fiocchi d'avena in un pentolino e ricoprirli con l'acqua o il latte vegetale. Aggiungere i semi di vaniglia, la bacca e il sale. Accendere il fuoco e cuocere per circa 1 minuto o fino a quando i fiocchi non si saranno idratati assorbendo il liquido. Versare nelle tazze, guarnire con l'uvetta, i mirtilli e gustare.

V D E P

Porridge di quinoa con latte di mandorle

Molto spesso preparo la colazione con gli avanzi del pranzo o della cena del giorno precedente e ammetto che talvolta cucino in modo abbondante di proposito, proprio per avere a disposizione del cibo pronto per la colazione. Ma nulla vieta di cucinare la quinoa a colazione in soli 12 minuti, giusto il tempo per la doccia.
La quinoa è un seme naturalmente privo di glutine, che contiene tutti gli aminoacidi essenziali e un'eccellente quota di proteine.

Per 2 persone:

* 200 g di quinoa cotta (o 120 g da cuocere)
* 300 ml di latte di mandorle (pag. 79)
* 1 cucchiaino di cannella
* 1 cucchiaio di miele o sciroppo d'acero

Preparazione

Mettere la quinoa cotta in un pentolino (oppure cuocerla in acqua per 12 minuti dal bollore, dopo averla sciacquata abbondantemente), aggiungere tutti gli altri ingredienti e cuocere per circa 1 minuto. Versare in una tazza e gustare.

Porridge di grano saraceno con latte di macadamia, goji e vaniglia

V D P

Per 2 persone:

* 200 g di grano saraceno già cotto (o 120 g da cuocere)
* 300 ml di latte di macadamia (pag. 81)
* 2 cucchiai di bacche di goji
* 1 cucchiaino di vaniglia
* 1 bacca di vaniglia
* 1 cucchiaio di miele o di sciroppo d'acero
* 1 pizzico di sale integrale

Il grano saraceno è estremamente versatile, sia in veste dolce sia in veste salata. Per questo porridge può essere utilizzato già cotto oppure lo si può cuocere al momento.

Preparazione

Mettere in un pentolino il grano saraceno già cotto (o cuocerlo in acqua per 10 minuti dal bollore), aggiungere tutti gli altri ingredienti e cuocere per un paio di minuti. Versare nelle tazze e gustare.

Quinoa con verza viola fermentata e uova al peperoncino

E D P

Per 2 persone:

* 200 g di quinoa cotta (o 120 g da cuocere)
* 4 uova
* 1 cucchiaio di olio extravergine d'oliva
* 1 pizzico di sale integrale
* peperoncino a piacere
* 1 tazza di verza viola fermentata (pag. 175)

Non è un errore, siamo nella sezione delle colazioni. Questa è una colazione saporita che potrebbe essere anche un pranzo. Ognuno è libero di sperimentare varie combinazioni, e il consumo di due uova a colazione, come ormai dimostrato da numerosi studi scientifici, facilita il mantenimento del peso forma e la perdita dell'adipe in eccesso, senza interferire con l'assetto lipidico. Questa ricetta può essere preparata velocemente con della quinoa d'avanzo.

Preparazione

Scaldare l'olio in una padella antiaderente, rompere le uova e cuocerle. Salare le uova, aggiungere il peperoncino e impiattare. Scaldare la quinoa nella stessa padella e aggiungere il cavolo viola fermentato. Servire e gustare.

Salad breakfast con tè verde matcha

E D P

Per 2 persone:

* 4 uova
* 1 avocado maturo pelato
* 1 pizzico di sale integrale
* peperoncino a piacere
* 1 cucchiaio di olio extravergine d'oliva
* 1 melone piccolo sbucciato
* 2 cucchiaini di tè verde matcha

La colazione salata è velocissima da preparare ed estremamente gratificante e saziante; bisogna solamente superare i pregiudizi riguardo a essa e non pensare che la colazione dolce sia l'unica alternativa possibile.
In questa colazione, il re è il tè verde matcha, dall'elevato potere antiossidante, in grado di aumentare il dispendio energetico a riposo e durante l'attività fisica e di prevenire i disturbi cardiovascolari. Contiene inoltre L-teanina, un aminoacido rilassante che favorisce il riposo e riduce i livelli di cortisolo elevati a causa dello stress cronico.

Preparazione

In una padella antiaderente scaldare l'olio e cuocere le uova; condirle con sale e peperoncino. Nel frattempo scaldare l'acqua per il tè a circa 70 °C, non di più per non alterare le proprietà del tè stesso, e versarla nelle tazze o nei bicchieri in cui sarà stata precedentemente suddivisa la polvere del matcha. Tagliare il melone e l'avocado. Servire in un piatto e gustare.

Toast wake up con avocado e veg-cheese

V D P E

Per 2 persone:

* 4 fette di pane rustico proteico (pag. 151)
* 1 avocado
* peperoncino a piacere
* succo di ½ limone
* 1 pizzico di sale
* 2 cucchiai di veg-cheese

Questa ricetta, pur semplice, è in realtà una composizione di cibi già pronti che richiederà un minuto di preparazione. È nutriente, saziante e dal gusto originale. Servire con del tè, preferibilmente verde, o con il matcha. Il veg-cheese è delizioso ed è un'ottima alternativa al formaggio per tutti coloro che sono allergici alle proteine del latte, intolleranti al lattosio o che non vogliono utilizzare i latticini per qualsiasi motivo. Quando lo preparo ne regalo sempre un po' alla piccola Nina, figlia di una mia cara amica, che è allergica alle proteine del latte sin dalla nascita e non ha mai assaggiato il formaggio. Lei lo adora e ci prepara dei supertoast.

Preparazione

Tagliare il pane ed eventualmente tostarlo (in base al proprio gusto). Servirlo con l'avocado tagliato, condito con peperoncino, sale, limone e veg-cheese.

VEG-CHEESE

Per il veg-cheese:

* 200 g di anacardi (non salati e non tostati)
* 1 pizzico di sale
* succo di 1 limone

Mettere in ammollo gli anacardi dalle 2 alle 12 ore (in base al tempo che si ha a disposizione). Più sarà protratto l'ammollo, più sarà morbido il veg-cheese. Sciacquare gli anacardi e frullarli con i restanti ingredienti fino a ottenere una consistenza cremosa. È possibile aromatizzare con spezie ed erbette, come indicato a pag. 237 (pancake con crema di anacardi e curcuma).

Uova al tegamino con funghi al timo e limone

E D P

Per 2 persone:

* 4 uova biologiche
* 1 cucchiaio di olio extravergine d'oliva
* 1 pizzico di sale
* timo fresco o secco
* succo di 1 limone
* 5-6 funghi (del tipo preferito)

Questa colazione, che è una delle mie preferite, può essere a tutti gli effetti anche un pranzo o una cena. La si può preparare con funghi avanzati del giorno prima, oppure in un paio di minuti la mattina stessa. Il connubio timo e limone è molto gradevole e fresco e conferisce ai funghi un sapore speciale.

Preparazione

Pulire i funghi e tagliarli oppure utilizzare funghi d'avanzo del giorno prima. Scaldare l'olio in una padella, cuocere le uova e impiattarle. Far saltare i funghi nella stessa padella con il timo. Servire insieme alle uova aggiungendo sale e succo di limone, volendo anche una fetta di pane rustico proteico (pag. 151).

Yogurt di cocco

V D E

Per 500 ml:

* 400 ml di latte di cocco (pag. 81)
* 1 bustina di probiotici senza aromi o il contenuto di 2 capsule di probiotici

Chi non mangia i latticini, per scelta o per necessità, rinuncia al gusto acidulo e alla consistenza cremosa dello yogurt. Perché non prepararlo in casa con il latte vegetale? Questa è la mia versione, nella quale ho utilizzato i probiotici reperibili in farmacia. Non mi riferisco allo starter per lo yogurt tradizionale, che contiene spesso anche lattosio e proteine del latte, ma ai probiotici intesi come integratori da assumere al bisogno o quotidianamente.
Lo yogurt così ottenuto è buonissimo con la granola o come condimento di insalate o altre pietanze.

Preparazione

Scaldare il latte in un pentolino sino a 40 °C; spegnere il fuoco, aggiungere i probiotici e mescolare. Versare in un barattolo di vetro o nei vasetti delle yogurtiere tradizionali. Coprire il barattolo con un panno o la yogurtiera con il coperchio. Far riposare in ambiente caldo dalle 8 alle 12 ore o accendere il termostato della yogurtiera. Trascorso il tempo necessario, lo yogurt risulterà cresciuto e potrà essere conservato in frigorifero, in barattoli ben chiusi, fino a una settimana.

Chapati di riso con uovo alla coque

E D P

Per 4 chapati:

* 100 g di mix di farina senza glutine (o farina di riso integrale e ½ cucchiaino di gomma xantana)
* 1 pizzico di sale rosa
* 1 cucchiaino di olio extravergine d'oliva
* acqua filtrata quanto basta (40-70 ml)

PER LE UOVA:

* 2 uova
* 1 pizzico di sale rosa
* 1 pizzico di pepe

Il chapati è un pane senza lievito tipico dell'India. La mia versione è senza glutine e semplicissima da realizzare. È comodissimo da mettere nel lunch box: io infatti ne preparo sempre in più e lo porto al lavoro se mangio fuori casa, oppure lo utilizzo negli spuntini spalmandoci sopra il veg-cheese o qualche altra salsina.

Preparazione

Mettere in una ciotola la farina con il sale e mescolare. Aggiungere poco alla volta l'acqua e impastare con le mani fino a formare una palla piuttosto liscia. Dividere il composto in quattro parti. Ungersi le mani con l'olio e schiacciare le quattro parti sino a dare la forma desiderata (lo spessore non deve superare il mezzo centimetro). Scaldare una padella antiaderente appena unta con qualche goccia d'olio e cuocere il chapati per circa 3 minuti per lato, o sino a quando risulta dorato e croccante.

Nel frattempo mettere le uova in un pentolino, assicurandosi che abbiano lo spazio per muoversi. Coprire le uova con acqua fredda e accendere il fuoco. Quando l'acqua inizia a bollire, avviare il timer per 3 minuti. Scolare e servire con sale e pepe insieme al chapati, alla frutta secca, alle bacche ecc.

Crema di grano saraceno con frutta

V D E

Per 1 bicchiere grande:

* 50 g di grano saraceno
* 150 ml di latte vegetale (pag. 81)
* 1 cucchiaino di semi di vaniglia
* 2 datteri
* 150 g di frutta fresca

Questa ricetta consente di preparare la colazione anche per due giorni, perché, una volta pronta la base, la si può conservare in frigorifero chiusa in un barattolo di vetro.

Preparazione

Mettere in ammollo il grano saraceno la sera prima. La mattina scolare e sciacquare. Frullare con il latte vegetale, la vaniglia e i datteri. Mettere in un barattolo chiuso e conservare in frigorifero, oppure servire con frutta fresca.

Fiocchi d'avena con panna vegetale e frutta

V D E

Per 2 persone:

* 4 cucchiai di panna vegetale (vedi sotto)
* 1 cestino di lamponi o fragoline o frutta fresca (in parte schiacciata con la forchetta)
* 5-6 cucchiai di fiocchi d'avena
* 1 cucchiaio di bacche di goji

PER LA PANNA VEGETALE:

* 3 cucchiai di veg-cheese (pag. 129)
* ½ cucchiaino di semi di vaniglia
* 1 cucchiaino di miele o di sciroppo d'acero
* 1-2 cucchiai d'acqua filtrata

Panna per colazione con frutta fresca, fragoline e lamponi? Che bontà!
Apportando una modifica velocissima al veg-cheese si può ottenere una panna cremosa veramente deliziosa, da "leccarsi i baffi"!

Preparazione

Mettere il veg-cheese con la vaniglia, il miele o l'acero e l'acqua in un barattolo. Mescolare fino a ottenere un composto cremoso e soffice. Posizionare i fiocchi d'avena sul fondo di un barattolo, a seguire la panna, le bacche e la frutta. Gustare.

Nota: *volendo preparare una quantità maggiore da conservare in frigorifero per qualche giorno, per montare la panna si può utilizzare la frusta elettrica.*

Chia pudding con frullato e granola

V D E

Per 1 barattolo da 300 ml:

PER IL PUDDING:

* 3 cucchiai di semi di chia
* 150 ml di latte vegetale (pag. 81)
* ¼ di cucchiaino di semi di vaniglia
* 1 cucchiaino di cannella
* 1 cucchiaio di farina di cocco in scaglie
* 1 cucchiaino di sciroppo d'acero

PER IL FRULLATO:

* 200 g di frutta fresca (nella foto kiwi)
* succo di ½ limone
* 100 ml di acqua filtrata

PER IL TOP:

* 30 g di granola (pag. 109)

Quello che amo della colazione stratificata è che puoi ottenere nello stesso pasto tanti sapori diversi a seconda di quanto affondi il cucchiaio fra gli strati. Lo trovo divertente e stimolante; così la colazione, in base agli strati creati, diventa ogni volta una scoperta.

Preparazione

La sera precedente o mezz'ora prima della colazione, mettere i semi di chia in un barattolo di vetro. Aggiungere il latte vegetale, i semi di vaniglia, il cocco, la cannella e l'acero; chiudere con un coperchio e lasciar riposare in frigorifero se è estate, a temperatura ambiente se è inverno.
Preparare il frullato e versarlo sopra il pudding; ricoprire con la granola. Gustare subito, oppure chiudere il barattolo, conservare in frigorifero e consumare entro 24 ore (in questo caso aggiungere la granola al momento dell'utilizzo).

Muffin alle cinque spezie

V D E

Per 12 muffin:

* 1 batata (patata americana) grande cotta al forno
* 50 ml di olio extravergine d'oliva
* 50 ml di sciroppo d'acero o di miele
* 100-150 ml di latte di mandorle (pag. 79)
* 1 pizzico di sale
* 240 g di mix di farina senza glutine (o farina di riso integrale e ½ cucchiaino di gomma xantana)
* 2 cucchiaini di lievito per dolci
* ½ cucchiaino di zenzero secco
* ½ cucchiaino di pepe nero
* ½ cucchiaino di semi di finocchio
* ¼ di cucchiaino di chiodi di garofano macinati
* ½ cucchiaino di cannella

Credo non esista bambino che non ami i muffin, e poiché esiste un bambino dentro ogni adulto, è presto detto che piacciono praticamente a tutti. Questi muffin sono veramente particolari e lasciano sprigionare il sapore delle spezie, una dopo l'altra, morso dopo morso. Ottimi a colazione ma deliziosi anche a merenda.

Preparazione

Mescolare in una ciotola capiente tutti gli ingredienti umidi, aggiungere gli ingredienti secchi e amalgamare. Ungere con l'olio extravergine d'oliva uno stampo da 12 muffin oppure utilizzare i pirottini di carta. Accendere il forno a 200 °C e infornare per 25-30 minuti. Sfornare, lasciar raffreddare e gustare.
Si possono conservare in un contenitore chiuso per una settimana oppure si possono congelare e utilizzare al bisogno, scongelandoli nel forno per qualche minuto.

Pudding al cioccolato con mirtilli

V D E

Per 1 barattolo da 250 ml:

* 3 cucchiai di semi di chia
* 150 ml di latte vegetale (pag. 81)
* ¼ di cucchiaino di semi di vaniglia
* 1 cucchiaino di cannella
* 1 cucchiaio di cacao amaro o crudo
* 1 cucchiaino di sciroppo d'acero
* 15 g di cioccolato fondente
* 1 cucchiaio di mirtilli disidratati

Chi non desidera di tanto in tanto (se non sempre) fare colazione con la cioccolata?
Con questo pudding al cioccolato puoi salvaguardare la linea e apportare tanti benefici alla salute. È ricco di antiossidanti, omega-3, vitamine e minerali.

Preparazione

La sera precedente, o mezz'ora prima della colazione, mettere i semi di chia in un barattolo di vetro. Aggiungere il latte vegetale, i semi di vaniglia, il cacao in polvere, la cannella e l'acero; chiudere con un coperchio e lasciar riposare in frigorifero se è estate, a temperatura ambiente se è inverno.
Grattugiare la cioccolata in scaglie; mettere in ammollo per qualche minuto i mirtilli e scolarli.
Guarnire il pudding con le scaglie di cioccolato e i mirtilli. Gustare subito o chiudere il barattolo, conservare in frigorifero e consumare entro 24 ore (in tal caso aggiungere il cioccolato e i mirtilli prima di servire).

Pudding alla curcuma con melograno

V D E

Per 1 barattolo da 250 ml:

* 3 cucchiai di semi di chia
* 150 ml di acqua filtrata o di bottiglia
* 1 cucchiaino di cannella
* 1 cucchiaio di curcuma
* 1 cucchiaio di miele o di sciroppo d'acero
* semi di ½ melograno

La curcuma è una spezia d'oro, per il colore e per le proprietà curative e di prevenzione delle malattie metaboliche e tumorali. Non dovrebbe mai mancare in dispensa. Nel pudding è veramente particolare, non resta che provarla!

Preparazione

La sera precedente o mezz'ora prima della colazione, mettere i semi di chia in un barattolo di vetro. Aggiungere l'acqua, la curcuma, la cannella e l'acero; chiudere con un coperchio e lasciar riposare in frigorifero se è estate, a temperatura ambiente se è inverno. Pulire il melograno e unire i semi al pudding. Gustare subito o chiudere il barattolo, conservare in frigorifero e consumare entro 24 ore (in tal caso aggiungere il melograno prima di servire).

Pane e pizza

Mi piace il pane così come la pizza e non voglio rinunciare a nessuno dei due!

Lo penso fermamente e faccio in modo di non farmeli mancare. È anche ciò che sento dire più spesso dai miei pazienti. Ne comprendo perfettamente le ragioni: sono veramente gustosi e fanno parte della nostra tradizione culinaria.

Le persone arrivano da me per i motivi più disparati; se lo fanno per dimagrire temono tutti, perché sono rimasti "scottati" da diete privative precedenti, di dover rinunciare ai dolci, al cioccolato, al pane, alla pizza e alla pasta. Questa rinuncia, con la dieta A.M.S., non è affatto necessaria!

Il pane e la pizza sono sempre contemplati nel piano alimentare, ogni giorno se lo si desidera, con qualche piccola modifica alla ricetta tradizionale. Il pane e la pizza sono infatti preparati con i cereali senza glutine per cinque semplici motivi: 1. sono più digeribili; 2. non escludono i celiaci e gli intolleranti al glutine; 3. non infiammano l'intestino; 4. sono più veloci da preparare in casa; 5. sono gustosi e forniscono nutrienti da cereali diversi rispetto al grano.

Con le mie ricette, preparare il pane e la pizza in casa è facile e divertente. La preparazione del pane o della pizza richiede soltanto pochi minuti. In questo modo è possibile prepararli in qualsiasi momento della giornata, anche se si va di fretta.

Chi non va di fretta? Quasi nessuno.

Il pane può essere arricchito con semi oleosi e composto da più cereali; si presta a tantissime varianti e ognuno, acquisito il metodo, potrà sperimentarne di proprie.

Ci sono due tipi di pane che preparo più di frequente e praticamente a "occhi chiusi": il pane rustico proteico e il pane in pentola. Di tanto in tanto, quando ho il lusso di avere qualche minuto in più, mi cimento in varianti più colorate come i panini alla barbabietola e zenzero. Preparo la pizza due-tre volte a settimana (talvolta anche quattro) in circa 7 minuti, sia con il classico pomodoro, sia nelle versioni che troverai più avanti. Quando si affronta l'argomento pane e pizza fatti in casa, si dovrebbero abbandonare i pregiudizi. Il grano necessita di una lunga lavorazione e lievitazione; i cereali senza glutine, invece, possono essere convertiti in pane e in pizza in pochissimi minuti.

Una volta sperimentate le prime ricette, ci si accorge di quanto sia facile, quando si torna a casa alle 20:00, preparare la pizza per tutta la famiglia in poco tempo, mentre si condividono le esperienze della giornata davanti a qualcosa di buono e che piace praticamente a tutti.

Avere il pane pronto in casa, magari congelato già tagliato a fette, permette inoltre di preparare un "panino gourmet" di tutto rispetto, da portare al lavoro, a scuola, in palestra, ovunque si vada. La pizza può anche essere farcita e preparata con le verdure direttamente nell'impasto; in questo modo anche i bambini, meno amanti della verdura, riescono ad apprezzarla.

Se non si è intolleranti al glutine, nulla vieta di utilizzare farine tradizionali ma possibilmente integrali. Bene! Si parte alla scoperta di pane e pizza sani e golosi.

Pane rustico proteico

V D P E

Per uno stampo da plumcake:

* 250 g di mix di farine senza glutine
* 150 g di proteine della canapa[1]
* 100 g di farina di riso integrale + 1 cucchiaio lasciato da parte
* 80 g di fiocchi d'avena
* 20 g di semi di zucca sgusciati
* 1 cucchiaio di olio extravergine d'oliva
* 1 cucchiaino di sale integrale
* 1 bustina di lievito secco o 1 cubetto di lievito fresco
* 500 ml di acqua tiepida filtrata o di bottiglia

Se c'è una cosa che mi piace del pane è la croccantezza della crosta, per poi affondare i denti in una mollica morbida, soda e saporita, non sapida ma ricca di sapori rustici, un po' antichi, come quelli di una volta. In tutti i miei libri si trovano ricette per fare il pane senza glutine; tutte ricette collaudate che danno vita a pani gustosi e variegati. Questo pane, però, mi ricorda quello fatto nei forni a legna con le farine scure: sprigiona un connubio di sapori che fanno desiderare di non farsene mai mancare.

Preparazione

In una ciotola o in una planetaria, unire tutti gli ingredienti secchi compreso il lievito (se fresco sbriciolarlo) e mescolare con una spatola o con la foglia della planetaria. Aggiungere l'acqua e l'olio e amalgamare il tutto per circa 1 minuto. Mettere la carta da forno in una teglia da plumcake, versare al suo interno l'impasto (che sarà denso ma cremoso e non sodo come un impasto che contiene glutine) e spolverarvi sopra il cucchiaio di farina di riso integrale. Lasciar lievitare in un ambiente caldo per 30-35 minuti al massimo (il forno scaldato a 50 °C e poi spento andrà bene). Accendere il forno a 200 °C statico o 180 °C ventilato. Infornare e cuocere per 45 minuti. Togliere il pane dallo stampo e cuocere capovolto per altri 5 minuti. Sfornare, far raffreddare e tagliare.

Nota: *è possibile affettare il pane, separarlo con la carta da forno e congelarlo per averne sempre una scorta a disposizione. Il pane rustico proteico ha un indice glicemico inferiore rispetto al pane tradizionale, sia con glutine sia senza. È pertanto indicato per il controllo e il mantenimento del peso corporeo e anche per l'aumento della massa muscolare.*

[1] Le proteine della canapa sono reperibili nei negozi biologici, online e in farmacia. Sono molto utili per tutti coloro che desiderano eliminare o ridurre il consumo di proteine animali. Nel caso non fossero reperibili o non dovessero essere di proprio gusto, si possono sostituire con la farina di grano saraceno.

Pane in pentola

V D E

Per una pentola da 20 cm:

* 250 g di farina di grano saraceno
* 200 g di farina di riso integrale
* 50 g di fiocchi d'avena
* 1 cucchiaino di gomma xantana
* 1 cucchiaio di amido di riso o di fecola di patate
* 1 bustina di lievito secco o 1 cubetto di lievito fresco
* 1 cucchiaino di sale rosa o integrale
* 450 ml di acqua tiepida filtrata o di bottiglia
* 1 cucchiaio di olio extravergine d'oliva

Per chi possiede una pentola di ghisa o di ferro smaltato che giace nella credenza, è arrivato il momento di tirarla fuori, perché il pane cotto in pentola è fenomenale. Il calore si diffonde in modo uniforme e si potrà ottenere un pane rotondo o ovale, a seconda della forma della pentola, che non avrà nulla da invidiare al pane del fornaio.

Preparazione

In una ciotola o in una planetaria, unire tutti gli ingredienti secchi compreso il lievito (se fresco sbriciolarlo) e mescolare con una spatola o con la foglia della planetaria. Aggiungere l'acqua, l'olio e amalgamare il tutto per circa 1 minuto. Mettere la carta da forno nella pentola, versare al suo interno l'impasto (che sarà denso ma cremoso) e coprire con il coperchio. Lasciar lievitare in un ambiente caldo per 30-35 minuti al massimo (andrà bene il forno scaldato a 50 °C e poi spento o il fornello che è stato acceso per qualche minuto). Accendere il forno a 200 °C statico o 180 °C ventilato. Togliere il coperchio alla pentola. Infornare e cuocere per 45 minuti. Togliere il pane dalla pentola e cuocere capovolto per altri 5 minuti. Sfornare, far raffreddare e tagliare.

Panini alla barbabietola e zenzero

V D E

Per 12 panini:

* 1 barbabietola rossa media cotta
* 2 cm di zenzero fresco grattugiato
* 250 g di mix di farine senza glutine
* 200 g di farina di riso integrale
* 1 cucchiaino di sale rosa o integrale
* 1 bustina di lievito secco o 1 cubetto di lievito fresco
* 1 cucchiaio di olio extravergine d'oliva
* 350-380 ml di acqua tiepida filtrata o di bottiglia

Questi panini profumati, morbidi e colorati sono comodissimi da tenere nel freezer e da scongelare all'occorrenza. Uniscono i benefici disintossicanti della barbabietola con quelli antiossidanti e antinfiammatori dello zenzero.

Preparazione

Frullare la barbabietola. In una ciotola o in una planetaria, unire tutti gli ingredienti secchi compreso il lievito (se fresco sbriciolarlo) e mescolare con una spatola o con la foglia della planetaria. Aggiungere l'acqua, l'olio, la barbabietola frullata e lo zenzero. Amalgamare il tutto per circa 1 minuto. Ungere uno stampo da muffin o mettere la carta da forno in ogni alloggio. Versare l'impasto negli stampini. Lasciar lievitare in un ambiente caldo per 30-35 minuti al massimo (il forno scaldato a 50 °C e poi spento andrà bene). Accendere il forno a 200 °C statico o 180 °C ventilato. Infornare e cuocere per 25-30 minuti. Controllare la cottura con uno stecchino di legno. Sfornare, far raffreddare, gustare o congelare.

Pane ai pomodori secchi e olive

V D E

Per uno stampo da plumcake:

* 250 g di mix di farine senza glutine
* 150 g di farina di riso integrale
* 60 g di fiocchi d'avena + 1 cucchiaio da tenere da parte
* 15 pomodori secchi tagliati a pezzetti
* 1 cucchiaio di olio extravergine d'oliva
* 2 cucchiai di olive verdi denocciolate tagliate
* 1 cucchiaino di sale integrale
* 1 bustina di lievito secco o 1 cubetto di lievito fresco
* 450 ml di acqua tiepida filtrata o di bottiglia

Se c'è una cosa che amo preparare in cucina è il pane! Mi piace sperimentare tante versioni, soprattutto cercando di riprodurre combinazioni di sapori rustici e della cucina di una volta.

Preparazione

In una ciotola o in una planetaria, unire tutti gli ingredienti secchi compresi i pomodori, le olive e il lievito (se fresco sbriciolarlo); mescolare con una spatola o con la foglia della planetaria. Aggiungere l'acqua e l'olio e amalgamare il tutto per circa 1 minuto. Mettere la carta da forno in una teglia da plumcake, versare al suo interno l'impasto e spolverarvi sopra il cucchiaio di fiocchi d'avena. Lasciar lievitare in un ambiente caldo per 30-35 minuti al massimo (il forno scaldato a 50 °C e poi spento andrà bene). Accendere il forno a 200 °C statico o 180 °C ventilato. Infornare e cuocere per 45 minuti. Togliere il pane dallo stampo e cuocere capovolto per altri 5 minuti. Sfornare, far raffreddare e tagliare.

Nota: *è possibile sostituire la farina di riso integrale e/o il mix di farine senza glutine con la farina di grano saraceno. In questo modo si otterrà un pane più scuro e rustico.*

Pizza alla cipolla di Tropea

V D E

Per una teglia rotonda di 24 cm:

* 300 g di mix di farine senza glutine (o farina di riso integrale + 1/3 di cucchiaino di gomma xantana + 1 cucchiaino di fecola di patate)
* 2-3 cipolle di Tropea medie
* 1 cucchiaio di olio extravergine d'oliva
* 1 cucchiaino di sale rosa o integrale
* 1 cucchiaino di polvere lievitante per salati (o ½ cucchiaino di bicarbonato di sodio + 1 cucchiaino di succo di limone)
* acqua filtrata quanto basta

Questa è una delle mie pizze-focacce preferite. È profumata e accompagna bene verdure e secondi. È buona anche con le cipolle gialle, ma con quelle di Tropea è deliziosa. Appena la sforno non riesco mai ad aspettare che si raffreddi, tanto mi piace.

Preparazione

Tagliare le cipolle in modo sottile e metterle in una ciotola. Aggiungere tutti gli ingredienti secchi e amalgamare. Aggiungere l'olio e l'acqua poco alla volta e mescolare sino a ottenere una pastella densa. Accendere il forno a 200 °C statico o 180 °C ventilato. Ungere una teglia tonda o coprirla con carta forno. Versare l'impasto e stendere uniformemente con una spatola. Infornare e cuocere per 30-35 minuti; controllare lo stato della cottura con uno stecchino di legno (la pizza deve essere croccante fuori e morbida-umida dentro).

Schiacciata di broccoletti

V D E

Per una teglia rotonda di 24 cm:

* 1 tazza di broccoletti ripassati in padella (tagliati in piccoli pezzi)
* 300 g di mix di farine senza glutine (o farina di riso integrale + 1/3 di cucchiaino di gomma xantana + 1 cucchiaino di fecola di patate)
* 1 cucchiaino di sale rosa o integrale
* 1 cucchiaino di polvere lievitante per salati (o ½ cucchiaino di bicarbonato di sodio + 1 cucchiaino di succo di limone)
* acqua filtrata quanto basta

Per questa ricetta ho usato i broccoletti ripassati in padella che erano avanzati dal giorno prima, ma vanno benissimo anche la bieta, gli spinaci o qualsiasi altra verdura, sia lessa sia ripassata in padella con aglio, olio e peperoncino.

Preparazione

Mettere tutti gli ingredienti secchi in una ciotola e mescolare. Aggiungere i broccoletti tagliati in piccoli pezzi. Aggiungere l'olio e l'acqua poco alla volta e mescolare sino a ottenere un impasto denso e uniforme. Accendere il forno a 200 °C statico o 180 °C ventilato. Ungere una teglia tonda o coprirla con carta da forno. Versare l'impasto, stendere uniformemente e bucherellare con i rebbi di una forchetta. Infornare e cuocere per 30-35 minuti. Controllare lo stato della cottura con uno stecchino di legno (la schiacciata deve essere croccante sia dentro sia fuori). Sfornare e gustare.

Pizza di fiocchi d'avena con pomodorini e spinaci

V D E

Per una teglia di 20×20 cm:

PER LA BASE:

* 250 g di fiocchi d'avena senza glutine
* 1 cucchiaio di olio extravergine d'oliva
* acqua filtrata quanto basta
* 1 cucchiaino di polvere lievitante per salati (o ½ cucchiaino di bicarbonato di sodio + 1 cucchiaino di succo di limone)
* ½ cucchiaino di sale rosa o integrale

PER LA FARCITURA:

* 10-15 pomodori ciliegino
* 1 manciata di spinaci crudi
* 1 cucchiaio di olio extravergine d'oliva
* 1 pizzico di sale rosa o integrale

I fiocchi d'avena si possono utilizzare praticamente per ogni ricetta, sia dolce sia salata. Come base per la pizza sono utilissimi: rendono l'impasto croccante e rustico.

Preparazione

Frullare grossolanamente i fiocchi d'avena e metterli in una ciotola. Aggiungere l'olio, il sale, il lievito e l'acqua poco a poco e impastare con le mani fino a ottenere una palla soda ma lavorabile.
Ungere la teglia o coprirla con carta da forno. Pressare con le mani l'impasto nella teglia, poi bucherellarlo con i rebbi di una forchetta. Accendere il forno a 200 °C statico o 180 °C ventilato. Far cuocere la base per circa 20-25 minuti. Aggiungere gli spinaci e i pomodorini con il sale e l'olio. Continuare la cottura per altri 10 minuti. Sfornare e gustare. Buona sia calda sia fredda.

Pizzette velocissime con riso e chia

V D E

Per 4 pizzette o 2 pizze medie:

PER LA BASE:

* 200 g di farina di riso integrale
* 2 cucchiai di semi di chia
* ½ bicchiere d'acqua filtrata + acqua quanto basta
* 1 pizzico di sale
* 1 cucchiaio di olio extravergine d'oliva

PER LA FARCITURA:

* veg-cheese (pag. 129)
* salsa di pomodoro, anche avanzata
* vegetali fermentati (pag. 168) tipo barbabietole, cetrioli, carote, ravanelli
* avocado (anche un avanzo)
* o tutto quello che c'è a disposizione

I semi di chia sono un ottimo addensante salutare che permette di ottenere impasti friabili ma elastici. Per queste pizzette fanno veramente la differenza e mi permettono di portare il pranzo o la cena in tavola in men che non si dica.

Preparazione

Mettere i semi di chia nel mezzo bicchiere d'acqua e mescolare; lasciar riposare qualche minuto. Pesare la farina e metterla in una ciotola, aggiungere il sale, l'olio, i semi di chia e l'acqua poco alla volta. Impastare fino a ottenere una palla morbida lavorabile (il composto risulterà leggermente appiccicoso). Dividere l'impasto in quattro parti e dare forma alle pizzette. Mettere sul fuoco una padella antiaderente e scaldarla. Cuocere la base per circa 3 minuti per lato (di più se occorre per renderla dorata e croccante). Servire con la farcitura preferita.

Nota: *è possibile farcire anche con creme dolci oppure utilizzare la base come snack o in sostituzione del pane.*

Pizza di riso e avena in padella con crema di avocado, zucchine e pomodorini

V D E

Per 2 persone:

PER LA BASE:

* 150 g di farina di riso integrale
* 50 g di fiocchi d'avena senza glutine
* 30 g di mix di farine senza glutine o 1 cucchiaino di gomma xantana
* 1 pizzico di sale integrale
* 1 cucchiaio di olio extravergine d'oliva
* 1 cucchiaino di polvere lievitante per salati
* acqua filtrata quanto basta (circa 100-150 ml)

PER LA FARCITURA:

* 1 avocado
* 1 zucchina
* 10-15 pomodorini
* 1 cucchiaio di capperi
* 1 limone
* 1 cucchiaino di peperoncino
* 1 pizzico di sale integrale

In ogni libro che ho scritto, anche se con qualche piccola differenza, c'è la ricetta per la pizza da cucinare in padella, per due semplici motivi: 1. è buonissima e piace praticamente a tutti; 2. è velocissima da preparare. Lo stesso impasto può essere utilizzato per fare la pizza al forno.

Preparazione

In una ciotola, mescolare le farine (o la farina di riso e la gomma xantana), i fiocchi d'avena, il sale, la polvere lievitante, l'olio e l'acqua fino a formare una palla liscia e poco appiccicosa.
Stendere l'impasto su una padella antiaderente.
Accendere il fuoco. Cuocere la base girandola di tanto in tanto per circa 5-7 minuti.
Nel frattempo pelare l'avocado, schiacciarlo e renderlo cremoso insieme al succo del limone, il sale e il peperoncino.
Lavare e tagliare a fettine la zucchina aiutandosi con un pelapatate. Mescolare le zucchine alla crema di avocado.
Lavare e tagliare i pomodorini e sciacquare i capperi.
Togliere la base della pizza dal fuoco e guarnire.
Bon appetit!

Vegetali fermentati

Una buona salute dipende da molti fattori, uno dei fondamentali è il microbiota. Come abbiamo visto nei capitoli sul GUT e sulla *GUT dysfunction*, un microbiota alterato facilita la comparsa delle malattie rendendo fragile, infiammato e squilibrato uno dei centri regolatori del benessere: l'intestino.

Per tenere in salute il GUT, è necessario nutrire in modo corretto il microbiota, così da consentire il ricambio e il rafforzarmento delle "truppe" intestinali mediante l'integrazione di batteri buoni.

Questo è possibile assumendo probiotici e vegetali fermentati.

La fermentazione o lacto-fermentazione, è il metodo usato da centinaia di anni, prima della comparsa del frigorifero, dei conservanti ecc., per preservare il cibo. Per molte culture antiche la fermentazione aveva un qualcosa di sacro, di speciale, di miracoloso. Ogni cibo può essere conservato con questo metodo che non prevede l'utilizzo di additivi, conservanti, coloranti e sostanze chimiche ma solo ed esclusivamente di sostanze naturali. La fermentazione è una sorta di predigestione del cibo che si verifica quando i batteri naturalmente presenti negli alimenti, generalmente quelli del ceppo *Lactobacillus*, iniziano a demolire lo zucchero e gli amidi del cibo producendo acido lattico che arresta la crescita dei batteri putrefattivi. L'acido lattico conserva il cibo e previene la decomposizione; promuove inoltre la crescita di batteri benefici nel GUT.

È possibile vedere a occhio nudo il processo di fermentazione. Dopo un paio di giorni dall'inizio della fermentazione, nel contenitore preposto si formeranno delle bolle e si potrà sentire uno sfrigolio. Quando i cibi saranno fermentati, il contenitore verrà posto in frigorifero per rallentare la fermentazione stessa e il liquido in esso contenuto potrà virare verso il color latte semitrasparente. I vegetali così preparati dureranno per mesi e mesi mantenendosi freschi e croccanti.

Quali sono i benefici dei cibi fermentati?

* Sono più digeribili perché sono predigeriti dai batteri benefici (molte persone evitano la verdura perché procura gonfiore intestinale e difficoltà di digestione).
* La fermentazione aumenta il contenuto di vitamine del gruppo B e della vitamina K2.
* I cibi fermentati sono ricchi di probiotici (batteri buoni).
* L'acido lattico prodotto durante la fermentazione promuove la crescita dei batteri buoni nell'intestino.
* La fermentazione dei cereali può neutralizzare l'antinutriente acido fitico (così come l'ammollo).
* I cibi fermentati possono aiutare a potenziare il sistema immunitario (soprattutto il GALT).
* $^1/_3$ di tazza di vegetali fermentati contiene circa 10 trilioni di batteri buoni.
* I cibi con probiotici riducono il gonfiore addominale.
* Aiutano a ridurre il *carbo craving* (desiderio sfrenato di dolci) con meccanismi non ancora noti ma dimostrati dalle esperienze di molti medici.
* Si possono avere vegetali, frutta ecc. sempre freschi e ricchi di batteri buoni.

La fermentazione dei vegetali è sicura?

* Tendenzialmente sì! Non c'è pericolo di botulino perché la fermentazione avviene in ambiente acido che ne impedisce la proliferazione, ma è opportuno utilizzare vasetti o contenitori puliti (non occorre sterilizzarli) ed evitare di fermentare cibi non freschi, ammuffiti, avariati o sporchi, pena la fermentazione di cibo non sano.

Com'è possibile sapere se la fermentazione è avvenuta?

* Devono essersi formate le bolle, il cibo deve avere un odore pungente ma mai putrido e il sapore deve essere gradevole e non rancido. Una patina biancastra al di sopra del cibo fermentato è normale e va solo rimossa prima di consumarlo. Se è presente una patina nera, grigia o verde non è bene, vuol dire che il tutto è inquinato; quindi gettare e ripetere il procedimento con utensili puliti e vegetali freschi.

Cetrioli, carote e barbabietole rosse fermentati

V D E

Quantità di vegetali a piacere:

* 3 g di sale ogni 97 g di acqua
* cetrioli
* carote
* barbabietole rosse crude

Preparare i vegetali fermentati ci fa avere sempre a disposizione vegetali croccanti e sani, probiotici e fibre, e ci evita di lavare ogni giorno le verdure, anche quando non abbiamo tempo, potendo usufruirne in qualsiasi momento per insaporire ogni pietanza. Ottimi nelle insalate, nei toast, sulle uova, con i legumi, sulla carne e sul pesce.

Preparazione

Lavare e tagliare i vegetali nella forma che si preferisce. Lavare e asciugare i barattoli di vetro e i presselli salvagusto (di plastica) che si desidera utilizzare. Pesare il sale e l'acqua mantenendo la proporzione del 3% di sale, quindi 3 g di sale per 97 g d'acqua (30 g di sale per 970 g d'acqua ecc.) e unirli in una caraffa, mescolando fino a quando il sale non si sarà sciolto. Riempire i barattoli con i vegetali sino al bordo e pressarli. I vegetali possono anche essere mescolati fra loro in base al gusto personale. Riempire i barattoli con l'acqua e il sale sino a ricoprire i vegetali, pressare nuovamente e chiuderli. Conservare a temperatura ambiente, lontano dalla luce diretta del sole, per 5 giorni. Durante questo tempo, nei barattoli si formeranno le bolle di fermentazione (è giusto che sia così) e il colore dell'acqua potrebbe diventare più torbido ma bianco (segno che la fermentazione lattica è avviata). Si può anche percepire un suono provenire dal barattolo, dal quale potrebbe fuoriuscire del liquido di fermentazione. Trascorsi 5 giorni, i vegetali possono essere consumati o conservati in frigorifero per mesi.

***Nota:** è possibile utilizzare l'acqua di fermentazione per condire le insalate, preparare i succhi o berla tal quale.*

Aglio fermentato

V D E

Per un vasetto da 250 ml:

* 4-5 teste d'aglio
* 1 cucchiaio e mezzo di sale rosa o integrale
* 250 ml di acqua filtrata o di bottiglia

L'aglio non manca mai in cucina, anche se spesso viene "snobbato" a causa dell'alitosi secondaria alla sua assunzione. È un ottimo antipertensivo, antivirale-antibatterico (contro minacce patogene) e immunostimolante ed è in grado di favorire la prevenzione delle malattie cardiovascolari e metaboliche. Un modo per utilizzarlo più di frequente è fermentarlo: diventa più digeribile e non procura alitosi. È eccellente nelle insalate, nella crema di avocado, nelle salse e in ogni ricetta in cui l'aglio stia bene.

Preparazione

Pelare gli spicchi d'aglio. Riempire una caraffa con 250 ml d'acqua e aggiungere il sale, mescolando fino a scioglierlo. Mettere gli spicchi nel vasetto e ricoprirli con l'acqua salata sino al bordo. Utilizzare un pressello di plastica per tenere l'aglio sott'acqua. Chiudere il barattolo e lasciar fermentare a temperatura ambiente, lontano dalla luce diretta, per una settimana.
Trascorso questo tempo l'aglio può essere utilizzato. Conservare in frigorifero sino a 6 mesi.

***Nota:** talvolta l'aglio può virare di colore e diventare blu/verde. Questo è assolutamente normale!*
Il pigmento blu/verde è causato da tutti gli aminoacidi, eccetto la cisteina e l'idrossiprolina, contenuti nell' aglio. In condizioni di acidità, infatti, l'isoallina, un componente dell'aglio, reagisce con gli aminoacidi producendo il colore blu/verde.

Verza viola fermentata

V D E

Per 1 barattolo da 1 litro:

* 1 verza viola media
* 3 cucchiai di sale rosa o integrale
* spezie (peperoncino, pepe ecc.)

Nota: *durante il processo di fermentazione, dal barattolo può fuoriuscire un po' di liquido, quindi si consiglia di chiuderlo in un sacchetto di plastica e gettare il liquido che fuoriesce ogni 2 o 3 giorni. La verza può emanare un odore solfureo durante la fermentazione; è normale, ma una volta fermentata avrà un sapore e un odore gradevoli.*

La verza viola è uno dei miei vegetali preferiti, la vorrei consumare tutto l'anno e, fermentandola, questo è possibile. Per la verza viola e simili utilizzo il sistema di fermentazione selvaggia che, come vedremo, differisce dalla fermentazione controllata con acqua e sale cui si aggiungono, talvolta, colture batteriche. La fermentazione selvaggia è leggermente più lunga ma rende le verdure croccanti e tenere allo stesso tempo e permette di aromatizzare meglio con le spezie.

Preparazione

Tagliare il torsolo alla verza ed eliminare senza gettarle due foglie esterne. Dividere la verza in quarti e tagliarla finemente. Sciacquarla sotto l'acqua corrente per un paio di minuti e poi tamponarla con della carta da cucina. Mettere la verza in una ciotola capiente. Cospargere con il sale. Lavare accuratamente le mani ed eventualmente indossare dei guanti di lattice. Massaggiare la verza per circa 4-5 minuti o fino a quando non sarà morbida e non avrà rilasciato liquido. Aggiungere le spezie e massaggiare per altri 2 minuti. Mettere il tutto nel barattolo pressando ben bene, facendo così salire il liquido verso l'alto. Lavare le due foglie messe da parte, cospargerle di sale, piegarle più volte su se stesse e posizionarle in cima al barattolo facendole uscire parzialmente. Chiudere con il coperchio pressando la parte che fuoriesce. Conservare a temperatura ambiente lontano dalla luce diretta dai 7 ai 15 giorni (dipende anche dal clima, se è caldo occorrono meno giorni per la fermentazione). Trascorso questo tempo è possibile consumare la verza. Conservare in frigorifero per 6 mesi.

Cavolo fermentato alla curcuma

V D E

Per 1 barattolo da 1 litro:

* 1 cavolo medio
* 3 cucchiai di sale rosa o integrale
* 2 cucchiai colmi di curcuma
* 1 cucchiaino di peperoncino macinato
* 10 grani di pepe nero o macinato

***Nota:** durante il processo di fermentazione, dal barattolo può fuoriuscire del liquido, quindi si consiglia di chiuderlo in un sacchetto di plastica e gettare il liquido che fuoriesce ogni 2 o 3 giorni. Il cavolo può emanare un odore solfureo durante la fermentazione; è normale, ma una volta fermentato avrà un sapore e un odore gradevoli.*

Il cavolo è buonissimo d'inverno nelle zuppe, è delizioso crudo nelle insalate ed è superlativo fermentato con la curcuma. Una vera prelibatezza dorata che rende allegra, appetitosa, frizzante e saporita la più noiosa delle insalate. È altrettanto buono nei panini, sulla pizza, nelle insalate di riso, di quinoa, di miglio ecc. Vale veramente la pena spendere cinque minuti del proprio tempo per preparare questa riserva di antiossidanti, vitamine, minerali e probiotici.

Preparazione

Rimuovere il torsolo dal cavolo ed eliminare senza gettarle due foglie esterne. Dividere il cavolo in quarti e tagliarlo finemente. Sciacquarlo sotto l'acqua corrente per un paio di minuti e poi tamponarlo con della carta da cucina. Mettere il cavolo in una ciotola capiente. Cospargere con il sale. Indossare dei guanti di lattice, perché la curcuma tinge di giallo. Massaggiare il cavolo tagliato per circa 4-5 minuti o fino a quando non sarà morbido e non avrà rilasciato liquido. Aggiungere la curcuma e le altre spezie e massaggiare per altri 2 minuti. Mettere il tutto nel barattolo pressando ben bene, facendo salire verso l'alto il liquido. Lavare le due foglie messe da parte, cospargerle di sale, piegarle più volte su se stesse e posizionarle in cima al barattolo facendole uscire parzialmente. Chiudere con il coperchio pressando la parte che fuoriesce. Conservare a temperatura ambiente lontano dalla luce diretta dai 7 ai 15 giorni (dipende anche dal clima, se è caldo occorrono meno giorni per la fermentazione). Trascorso questo tempo è possibile consumare il cavolo fermentato. Conservare in frigorifero per 6 mesi.

Cipolle fermentate

V D E

Per un barattolo da 500 ml:

* 3-4 cipolle medie (rosse, bianche, gialle o miste)
* 400 ml di acqua filtrata o di bottiglia
* 2 cucchiai di sale rosa o integrale

Le cipolle, bianche, rosse, gialle, grandi, piccole ecc. probabilmente non mancano mai in nessuna casa, anche se sono sicura che nel cassetto del frigorifero di più persone giaccia una cipolla che ha germogliato. A me capitava spesso prima di iniziare a fermentarle. Le cipolle fermentate sono deliziose soprattutto in estate per insaporire le insalate di verdura o la classica insalata di riso e, perché no, anche di quinoa, di grano saraceno, di ceci, di lenticchie ecc.
Occorrono pochissimi minuti per prepararle e il tempo impiegato verrà ricompensato con qualcosa di veramente speciale. Le cipolle sono, come l'aglio, antivirali, antipertensive, immunostimolanti ecc.

Preparazione

Pulire le cipolle e tagliarle a rondelle. In una brocca, mescolare l'acqua e il sale. Mettere le cipolle in un barattolo e pressarle. Ricoprire con l'acqua salata. Posizionare un pressello di plastica sopra le cipolle e far sì che siano coperte di liquido. Chiudere il barattolo e lasciar fermentare a temperatura ambiente per 5-7 giorni (a seconda della temperatura: se è caldo occorre meno tempo). Trascorso questo tempo utilizzare e/o conservare in frigorifero per 6 mesi.

***Nota:** l'acqua di fermentazione, una volta terminate le cipolle, può essere utilizzata per condire le insalate, aggiungendovi magari qualche erbetta fresca o spezie.*

Condimenti e salse

Con il condimento e la salsa giusti prende vita anche il piatto più semplice, noioso e poco colorato.

Spesso creo sul momento i condimenti o le salse, in base a quello che c'è fra le spezie, in frigorifero o nella dispensa, immaginando se gli accostamenti che ho in mente possano in qualche modo sposarsi con la pietanza preparata.

Non è affatto obbligatorio condire in modo particolare; l'olio extravergine d'oliva con un pizzico di sale e una spruzzata di limone conferiscono sempre gusto e buon sapore praticamente a tutti i cibi, sia crudi sia cotti.

Per dare quel tocco in più al piatto, sia estetico, di salute o di gusto, i condimenti e le salse ci possono tornare utili.

La regole che utilizzo per preparare i condimenti e le salse sono le seguenti:

* **semplicità**: utilizzare ingredienti facilmente reperibili (inutile impazzire a cercare la spezia rara e costosa quando si può usufruire di ingredienti ubiquitari);
* **velocità**: non impiegare più di 1-3 minuti per prepararli;
* **utilità**: oltre ad avere buon gusto la salsa deve essere funzionale;
* **praticità**: i condimenti devono essere facilmente conservabili e trasportabili in un piccolo barattolo di vetro o di plastica.

Nei miei condimenti ricorrono spesso alcune spezie: la curcuma, il peperoncino e il pepe, ossia quelle che amo definire la **triade anti-aging**.

Fanno bene praticamente a tutti, sono antinfiammatorie, antiradicali liberi, anticancro, antiobesità, anti-invecchiamento cellulare e tanto altro ancora.

Utilizzarle nei condimenti è un buon modo per assumerne la giusta quantità, mitigando il sapore della curcuma che non sempre risulta gradevole a tutti.

Un'altra spezia ricorrente è lo zenzero, che utilizzo nelle salse, nei condimenti e anche nelle pietanze.

Mi piace rendere colorato e saporito un riso in bianco, accendere di sapori il pesce al vapore, così come un'insalata mista.

Tutte le mie salse e i miei condimenti possono essere conservati in frigorifero per molti giorni, anche se generalmente ne preparo la quantità che mi occorre nell'immediato.

Un buon modo per non far appassire il contenuto nel lunch box, che sia insalata, riso, pasta ecc., è quello di mettere il condimento in un piccolo barattolo di vetro, come quello delle marmellate monoporzione, e utilizzarlo per condire prima di mangiare.

Le mie salse sono morbide, cremose, profumate e salutari; apportano grassi buoni per la nostra salute e tante sostanze funzionali.

I semi di zucca speziati non sono un vero e proprio condimento ma hanno la cuticola ricoperta di tante spezie buone e profumate. Sono inoltre un esempio di come in cucina non si debba buttare mai nulla, perché il cibo è un bene prezioso e una benedizione per chi lo possiede.

Prendere dimestichezza con queste ricette molto semplici ma buone aumenterà la consapevolezza di quanto basti poco per stare in salute, mantenersi in forma e cercare di prevenire le malattie spendendo veramente poco. Se all'apparenza una confezione di curcuma può sembrare costosa, nel tempo ci accorgeremo che invece ci farà risparmiare tanti soldi, perché ci ammaleremo di meno.

La salute passa anche attraverso il condimento. Per esempio, cucinare del pesce al vapore e poi condirlo con un olio scadente o salse commerciali ricche di zucchero e conservanti annullerà l'effetto positivo delle proteine.

Per stare in salute non si deve rinunciare al gusto. Per non rinunciare al gusto è importante iniziare a sperimentare gli accostamenti di alimenti sani affinché, oltre a portare benefici, gratifichino anche il palato.

Dressing (1)

V D E

I condimenti sono l'accessorio che conferisce al cibo particolarità, colore e sapore e aggiungono salute se sono preparati secondo il buon senso. Questi sono i miei preferiti, anche se la scelta cade quasi sempre sull'olio anti-aging, di cui ho sempre la scorta, perché contiene la Triade Anti-Aging: curcuma, peperoncino e pepe.

1. Golden

Per 2 persone:

* 2 cucchiai di olio extravergine d'oliva
* 1 cucchiaio e ½ di curcuma
* 1 pizzico di sale rosa o integrale
* succo di 1 limone e ½

Mettere tutti gli ingredienti in un barattolino di vetro e chiudere con il tappo. Agitare per circa 1 minuto.
Utilizzare subito o conservare in frigorifero per 2-4 giorni.

2. Peperoncino al limone

Per 2 persone:

* 1 cucchiaio di peperoncino tritato
* 1 cucchiaio di succo di limone
* 2 cucchiai di olio extravergine d'oliva

Mettere tutti gli ingredienti in un barattolino di vetro e chiudere con il tappo. Agitare per circa 1 minuto. Utilizzare subito o conservare in frigorifero per 2-4 giorni.

---

3. Olio al timo

Per 2 persone:

* 2 cucchiai di olio extravergine d'oliva
* 1 pizzico di sale rosa o integrale
* 1 cucchiaino di timo secco

Mettere tutti gli ingredienti in un barattolino di vetro e chiudere con il tappo. Agitare per circa 1 minuto. Utilizzare subito oppure conservare in luogo fresco e al riparo dalla luce per mesi. In quest'ultimo caso, preparare una quantità maggiore. Il timo sprigionerà nell'olio il suo sapore e i suoi principi attivi, che saranno disponibili ogni qual volta si utilizzerà l'olio.

4. Olio anti-aging

Per 1 barattolo da 300 ml:

* 10 cucchiai di curcuma
* 3 cucchiai di peperoncino
* 1 cucchiaio di pepe macinato
* 280 ml di olio extravergine d'oliva

Mettere le polveri in un barattolo da 300 ml. Aggiungere l'olio, chiudere il barattolo e agitarlo per circa 1-2 minuti. Metterlo al riparo dalla luce e dal calore. Dopo una settimana sarà possibile utilizzare l'olio per condire a crudo. Le spezie rimangono sul fondo del barattolo, di tanto in tanto agitarlo nuovamente e lasciar riposare prima di consumare.

3
2
4
1

Dressing (2)

V D E

Questo tris è gustoso e particolare. Adoro la salsa alla paprica affumicata sul pesce al vapore o al forno, la vinaigrette anti-aging sull'insalata verde e la glassa sulla carne. Ovviamente ognuno può sperimentare gli accostamenti che più gli aggradano.

1. Glassa alla mela

Per un barattolo da 200 ml:

* 4-5 mele rosse farinose
* 4-5 cucchiai di aceto di mele biologico
* 1 cucchiaino di succo di limone
* 1 cucchiaino di amido di riso

Sbucciare le mele, tagliarle a cubetti e frullarle con l'aceto. Versare il tutto in un pentolino e mettere su fuoco medio-basso. Girare con una frusta e far ridurre la polpa. Quando si sarà ridotta di un terzo, aggiungere l'amido e continuare ad amalgamare. La glassa è pronta quando sarà liscia e profumata. Assaggiare, aggiungere il limone e continuare a girare per qualche secondo. La glassa si conserva a temperatura ambiente per 3-5 giorni e per un paio di settimane in frigorifero.

2. Vinaigrette anti-aging

Per 2 persone:

* 2 cucchiai di olio extravergine d'oliva
* 1 cucchiaio di aceto di mele biologico
* 1 cucchiaio di curcuma
* 1 cucchiaino di peperoncino tritato
* ½ cucchiaino di pepe
* 1 pizzico di sale rosa o integrale

Mettere tutti gli ingredienti in un barattolo di vetro e chiuderlo; agitare per 1 minuto e utilizzare nell'immediato. Si può anche conservare in frigorifero, in un barattolo ben chiuso, per circa una settimana.

3. Salsa alla paprica affumicata

Per 2 persone:

* 4 cucchiai di concentrato di pomodoro
* 1 pizzico di sale rosa o integrale
* 1 cucchiaino colmo di paprica affumicata
* 1 cucchiaino di aceto di mele biologico

Mettere tutti gli ingredienti in una ciotolina e amalgamare. Si conserva in frigorifero per 2 settimane dentro un barattolo di vetro ben chiuso. È buonissima con le batate al forno, con il pesce al vapore e con le verdure crude disponibili ogni qual volta si utilizzerà l'olio.

1
2
3

Salsa di pomodori secchi e timo

V D E

Per un barattolo da 200 ml:

* 20 pomodori secchi
* 200 ml di olio extravergine d'oliva
* 1 cucchiaio di curcuma
* 1 cucchiaio di timo secco
* 1 cucchiaio di capperi sottaceto

Questa salsa che profuma d'estate assolata è il frutto dell'ispirazione avuta da un regalo ricevuto da una mia utente: una crema di pomodori secchi preparata dal nonno con una ricetta segreta. Ebbene, fra un esperimento e l'altro, questa è la versione, arricchita con la curcuma, che più mi ha soddisfatta.

Preparazione

Mettere tutti gli ingredienti in un barattolo. Lasciar riposare per 1-2 ore. Versare il contenuto in un frullatore e frullare sino a ottenere una consistenza pastosa.
Si conserva a temperatura ambiente per più di 1 mese. Buonissima sul pane, sui cracker, oppure per condire la quinoa, il riso e tutto ciò che c'è.

RICETTA JOLLY

Cracker all'avena e semi di zucca

Preparare dei cracker sani e gustosi è facilissimo: spalmati con la salsa di pomodori secchi e timo sono una bontà.

Preparazione

Per una teglia media: 100 g di fiocchi d'avena senza glutine, 1 cucchiaio di olio extravergine d'oliva, 1 pizzico di sale rosa, 3 cucchiai di semi di zucca sbucciati non salati e non tostati, acqua quanto basta.
Unire tutti gli ingredienti sino a formare una palla morbida. Pressarla su una teglia ricoperta di carta da forno (formare uno strato di 2-3 mm) e infornare a 180 °C per 15-20 minuti. Sfornare, tagliare e far raffreddare.

Salsa verde

V D P E

Per un barattolo da 300 ml:

* 250 g di anacardi non salati e non tostati
* 1 cucchiaino di sale
* succo di 1 limone e ½
* 2 manciate di spinac (con le foglie piccole il risultato è migliore)

La salsa verde è un ottimo espediente per far mangiare la verdura ai bambini. Benché mantenga un inequivocabile colore di verdura, non ne ha assolutamente il sapore.
Si può spalmare su una bella fetta di pane e risolvere un pranzo o una cena frugale.
In questa salsa ho utilizzato gli spinaci, ma ho anche sperimentato la versione con la bieta, le zucchine, le carote e la barbabietola. Sono tutte buone e facili da preparare.

Preparazione

Mettere in ammollo gli anacardi per almeno 30 minuti. Lavare gli spinaci. Frullare tutti gli ingredienti per circa 5 minuti, a più riprese per non surriscaldare il frullatore. Assaggiare e aggiustare eventualmente di sale. Utilizzare nell'immediato o conservare in frigorifero per 3-4 giorni.

Nota: *può essere congelata in monoporzioni e utilizzata all'occorrenza, previo scongelamento anche in padella, per condire insalate o cereali lessati.*

Crema alla menta, mandorle e limone

V D E

Per 2 persone:

* 20 mandorle
* 1 mazzetto di menta fresca
* 2 cucchiai di olio extravergine d'oliva
* 1 pizzico di sale rosa o integrale
* 1 pizzico di pepe
* scorza di ½ limone

Questa crema è perfetta per accompagnare gli hamburger, che siano vegetali o no, per condire i cereali e le insalate e da spalmare sul pane. È deliziosa nei panini alla barbabietola e zenzero. Si realizza in pochissimi minuti e rende speciale il piatto più semplice.

Preparazione

Preparare la crema frullando per 2-3 minuti le mandorle, la menta, la scorza di limone, l'olio, il sale e il pepe. Se ne può preparare una quantità maggiore da conservare in frigorifero per 3-4 giorni.

Nota: *sul mio sito questa è una delle ricette più cliccate e ha riscosso molti consensi.*
Si può modificare aggiungendo la curcuma e il peperoncino per un risultato particolare assicurato.

Semi di zucca speziati

V D E

Per un barattolo da 200 ml:

* semi di 1-2 zucche (Mantovane, Butternut ecc.)
* 1 cucchiaio di paprica affumicata
* 1 cucchiaino di peperoncino macinato
* ½ cucchiaino di sale rosa o integrale
* 1 cucchiaino di curcuma
* 1 cucchiaio di olio extravergine d'oliva

I semi di zucca speziati sono l'esempio di come in cucina non si debba mai gettare nulla. Generalmente, quando si pulisce una zucca, i semi vengono cestinati in un batter d'occhio. Io l'ho fatto molte volte, lo ammetto, e me ne dispiace molto, visto che sono solita acquistare proprio i semi di zucca. Facendo molti tentativi sono arrivata a questa ricetta, che mi soddisfa e mi consente di avere a disposizione uno snack, un condimento e un esaltatore di gusto da utilizzare a piacimento.

Preparazione

Lavare e asciugare i semi di zucca. Metterli in una ciotola con l'olio e le spezie. Mescolare con le mani.
Accendere il forno a 110 °C ventilato e mettere un foglio di carta da forno in una teglia. Distribuire uniformemente i semi di zucca nella teglia.
Infornare per circa 25-30 minuti. Sfornare, far raffreddare e gustare, oppure chiudere in un barattolo di vetro e sgranocchiare quando se ne ha il desiderio.

Nota: *sono deliziosi nelle insalate ma anche da smangiucchiare davanti alla televisione mentre si guarda un bel film. È possibile eseguire lo stesso procedimento usando i semi di zucca con la buccia acquistati al supermercato. Qualora fossero già salati, omettere il sale durante la preparazione.*

Insalate

Le insalate aggiungono freschezza, colore, vitamine, minerali e superalimenti a ogni piatto, rendendolo completo. L'ideale per prepararle è utilizzare vegetali e ortaggi di stagione, prediligendoli crudi, appena saltati in padella o cotti al vapore ma lasciati croccanti. In questo modo non ne verranno alterate le proprietà e si potrà usufruire di nutrienti fondamentali.

Le insalate si sposano bene con i cereali, i legumi, la carne, le uova e il pesce. Sono utilissime da abbinare quando c'è del cibo d'avanzo, come per esempio la quinoa, il riso, la carne, le uova barzotte ecc.

Il partner ideale delle insalate sono i condimenti, che dovrebbero essere sempre ricchi di antiossidanti e di sostanze funzionali che trasformeranno il vostro piatto in un'esperienza sensoriale e salutare.

Molto spesso si evita di portare nel lunch box le verdure crude perché, se condite anticipatamente rispetto al pranzo, nel momento in cui sarà arrivata l'ora di gustarle saranno appassite. Si può ovviare a questo inconveniente mettendo il condimento in un barattolino a parte, e utilizzarlo al momento del pasto.

Quando preparo le mie insalate, seguo sempre queste regole:

* devono essere colorate e gustose;
* devono essere veloci da preparare;
* devono contenere sostanze salutari e funzionali.

Con una dispensa e un frigorifero puliti, non nel senso letterale, anche se ciò è auspicabile, ma nel senso di alimenti sani, ovvero l'opposto del cibo spazzatura, è veramente facile mettere insieme qualche ingrediente per creare un tripudio di sapori e colori.

Sarebbe opportuno consumare vegetali e ortaggi almeno due o tre volte al giorno per approvvigionarsi di fibre, vitamine e minerali.

I miei utenti mi chiedono sempre in quali posti li acquisto, perché, diciamolo in tutta onestà, quelli che si trovano al supermercato non sono sempre di stagione e quasi mai di provenienza biologica certificata.

La mia risposta è sempre la stessa: ho diversi contadini di fiducia, selezionati nel tempo, che hanno i banchi al mercato; qualora non avessi la possibilità di far la spesa da loro perché i miei tempi non coincidono con l'orario di apertura e chiusura del mercato, chiedo loro di lasciarmi la spesa da un'amica (questi sono i vantaggi dell'instaurare rapporti umani e di fiducia), oppure acquisto al supermercato ciò che è certificato come biologico e se non dovessi trovare nulla in tal senso, cerco di valutare a occhio ciò che c'è. Se, per esempio, le mele sono troppo belle e lucide, non le acquisto, perché la loro bellezza e perfezione potrebbe essere la prova che sono state trattate chimicamente e anche ricoperte di cera. Se a dicembre trovo i peperoni, so che sono di serra e aspetterò luglio per acquistarli. Cerco quindi di seguire il calendario della raccolta di frutta, verdura e ortaggi; anzi, consiglio di cercare sul web un'immagine che riassuma tale calendario e di consultarla quando si va a fare la spesa.

Insalata di cavolo viola e grano saraceno crudo

V D P E

Per 2 persone:

* ¼ di cavolo viola
* 120 g di grano saraceno
* 1 cucchiaio di capperi sottaceto o sottosale
* 1 cucchiaino di peperoncino macinato
* 2 cucchiai di olio extravergine d'oliva

Il grano saraceno è un seme originario del Nord Europa e dell'Asia, ricco di proteine (13%), potassio, magnesio e flavonoidi (in particolare la rutina). Favorisce la riduzione del colesterolo LDL e ha un effetto ipoglicemizzante grazie al magnesio e al D-chiro-inositolo; inoltre previene la formazione dei calcoli biliari. Non contiene glutine e ciò lo rende adatto ai celiaci e agli intolleranti, anche se alcune persone hanno sviluppato un'allergia a esso. Se si consuma per la prima volta, assumerne soltanto una piccola quantità e valutare la reazione del corpo.

Preparazione

Mettere in ammollo il grano saraceno per almeno 8-12 ore. Sciacquare abbondantemente. Tagliare a listerelle il cavolo e poi lavarlo. In una ciotola unire il grano saraceno, il cavolo, i capperi, il peperoncino e l'olio. Se occorre, aggiungere il sale. Mescolare e servire.

Nota: *i cereali e i semi senza glutine possono essere consumati crudi previo ammollo prolungato che li riattiva e riduce la quantità di acido fitico.*

Broccoletti chips

V D E

Per una ciotola da 500 ml:

* 6 manciate di foglie di broccoletti

PER IL GUSTO PIZZA:

* 1 cucchiaio di olio extravergine d'oliva
* ½ cucchiaino di peperoncino
* 1 cucchiaino di origano secco
* 1 pizzico di sale
* 1 cucchiaio di concentrato di pomodoro

PER IL GUSTO FORMAGGIO:

* 2 cucchiai di veg-cheese (pag. 129)
* 1 cucchiaino di lievito secco in scaglie

È molto in voga, soprattutto negli Stati Uniti e nell'Europa del Nord, consumare il *kale*, ovvero il cavolo riccio toscano, che paradossalmente è molto difficile trovare in Italia. Con il *kale* si preparano insalate e soprattutto le famose *kale chips*. Ebbene, ho pensato che le chips potessero venire altrettanto buone con i broccoletti e così le ho preparate molte volte, sia semplici sia aromatizzate.

Preparazione

Lavare le foglie e asciugarle. Condirle al gusto preferito. Stenderle su una teglia ricoperta di carta da forno. Infornare a 110 °C ventilato per 60 minuti.

Per il gusto pizza:
unire tutti gli ingredienti in una ciotola e amalgamare. Utilizzare per condire i broccoletti.

Per il gusto formaggio:
unire il lievito secco al veg-cheese e amalgamare. Utilizzare per condire i broccoletti.

Green salad con veg-cheese e pomodori secchi

V D E

Per 2 persone:

* 2 zucchine
* una manciata di piselli freschi (oppure congelati e lessati)
* 2 cucchiai di veg-cheese
* 4 pomodori secchi

Il veg-cheese a pag. 129 può essere declinato in tantissimi modi. Arricchito con le spezie o, come in questo caso, con i pomodori secchi, conferisce ai piatti un sapore sempre nuovo e, si sa, l'esperienza sensoriale è quella che fa amare di più il cibo.

Preparazione

Lavare i piselli e le zucchine e tagliare queste ultime alla julienne. Scottare i piselli in acqua bollente per 3-4 minuti, immergerli successivamente in acqua fredda e scolarli. Tagliare a pezzetti i pomodori secchi e frullarli per circa 1 minuto insieme al veg-cheese. Unire tutti gli ingredienti in una ciotola e mescolare. Servire con un secondo.

Insalata al salmone con salsa golden

E D P

Per 2 persone:

* 200 g di salmone affumicato
* 20 noci del Brasile sgusciate
* 2 manciate di lattughino
* 2 cucchiai di salsa golden (pag. 182)

Il salmone selvatico, fresco o affumicato, è ricco di omega-3, grassi indispensabili per la nostra salute perché sono antiossidanti, antinfiammatori e favoriscono l'aumento del colesterolo buono HDL. Sarebbe opportuno evitare il salmone di allevamento che viene nutrito con i cereali e non contiene quindi una giusta quantità di omega-3. Assicurarsi quindi della provenienza del salmone, leggendo bene le etichette delle confezioni o le informazioni esposte in pescheria.

Preparazione

Lavare il lattughino. Tagliare il salmone. Mettere in ammollo le noci per qualche minuto e poi sciacquarle abbondantemente sotto l'acqua corrente. Unire tutti gli ingredienti in una ciotola, mescolare e servire.

Nota: *le noci del Brasile, o noci amazzoniche, sono prive di colesterolo e contengono omega-3, hanno una buona quota di proteine (14%) e sono l'alimento naturale più ricco di selenio. Due noci ne contengono circa 200 microgrammi, che è la dose giornaliera consigliata. Il selenio le rende altamente antiossidanti, antitumorali, stimolanti la funzione tiroidea, protettive dell'apparato cardiovascolare.*

Insalata con ciliege, avocado e uova barzotte

E D P

Per 2 persone:

* 2 manciate di lattughino
* 4 uova
* 2 cucchiai di mandorle sgusciate
* 1 tazza di ciliegie
* 1 tazza di pomodori pachino
* 1 avocado sbucciato
* 1 cucchiaino di peperoncino macinato
* succo di 1 limone
* 1 pizzico di sale rosa

Le uova sono state demonizzate per anni e tutt'ora esistono tanti pregiudizi rispetto alla loro salubrità.
In realtà sono state non solo riabilitate dalla scienza ma anche consigliate come fonte proteica e di vitamina K2 che, contenuta nel tuorlo, in sinergia con la vitamina D previene la calcificazione delle arterie.

Preparazione

Riempire una pentola con acqua fredda e aggiungere le uova, che devono essere ricoperte dall'acqua per almeno 2 cm. Accendere il fuoco e aspettare 6 minuti dal bollore prima di freddare le uova sotto l'acqua corrente e poi sgusciarle. Sciacquare abbondantemente le mandorle. Lavare il lattughino e le ciliegie. Schiacciare l'avocado con una forchetta e amalgamarlo con il succo di limone, il sale e il peperoncino. Unire tutti gli ingredienti in una ciotola e poi servire.

Nota: *le ciliegie contengono vitamina A, C e vitamine del gruppo B, ma soprattutto melatonina, sostanza fondamentale che favorisce il sonno e la rigenerazione cellulare, contrasta lo stress e sembra essere anche anticancro. Le ciliegie hanno proprietà depurative per il fegato, sono leggermente diuretiche e lassative nonché energizzanti.*

Insalata croccante con funghi saltati

V D P E

Per 2 persone:

* 1 mazzetto di rucola
* 4-5 funghi
* 1 manciata di piselli freschi o surgelati
* 1 cetriolo
* 2 cucchiai di olio extravergine d'oliva per condire + 1 per cucinare
* 1 pizzico di sale rosa
* pepe a piacere
* 2 cucchiaini di timo

Un'insalata croccante e genuina è sempre ben accetta, se poi è ricca di vegetali, funghi e piselli freschi diventa un mix di salute, vitamine, minerali e proteine. I piselli sono dei veri e propri spazzini intestinali che favoriscono la depurazione e l'eliminazione delle scorie. Sebbene crudi siano saporiti, è bene scottarli in pentola qualche minuto per ridurre la percentuale di antinutrienti che contengono.

Preparazione

Pulire i funghi e tagliarli. Saltarli in padella per 3-4 minuti con l'olio e il timo. Lavare e scottare i piselli in acqua bollente per 3-4 minuti, poi scolarli e raffreddarli sotto l'acqua corrente. Lavare e tagliare il cetriolo (con o senza buccia, in base al proprio gusto). Lavare la rucola. Unire tutti gli ingredienti in una ciotola, condire con sale, pepe e olio e servire.

Insalata di bieta rossa, mela e arancio

V D E

Per 2 persone:

* 8-10 foglie di bieta rossa
* 1 mela
* 2 arance
* 2 cucchiai di olio extravergine d'oliva
* 1 pizzico di sale rosa o integrale

Le arance sono un patrimonio prodigioso dell'umanità. Se colte al momento giusto, non trattate e non avvelenate dai pesticidi, sono ricche di vitamina C e oli essenziali contenuti nella buccia. Sono immunostimolanti, diuretiche e favoriscono le funzioni intestinali.

Preparazione

Lavare e asciugare la bieta; tagliare le foglie se sono troppo grandi. Lavare e tagliare a julienne la mela; lavare le arance, grattugiarne la scorza e tagliarle a rettangoli o cubetti. Unire tutti gli ingredienti in una ciotola, condire e servire.

Nota: *la bieta rossa è un concentrato di benessere. Ricca di potassio, ferro, calcio, fosforo, antociani, è una prelibatezza tutta mediterranea. Ottima cruda, saltata in padella o al forno, ormai si trova comunemente nei reparti della verdura o al mercato. Qualora non fosse reperibile, in questa ricetta si può sostituire con la bieta tradizionale.*

Insalata rossa alla menta e crema di anacardi

V D E

Per 2 persone:

* 2 carote viola
* 1 cestino di lamponi
* 4-5 fragole biologiche (evitare se allergici)
* 1 rametto di menta fresca
* 2 cucchiai di veg-cheese (pag. 129)
* 2 cucchiai di acqua filtrata o di bottiglia

Questa insalata è una delle mie preferite, perché è salata e dolce allo stesso tempo, ricca di vitamine e antiossidanti, nonché un'esplosione di sapori coinvolgenti.

Preparazione

Lavare e grattugiare le carote utilizzando i fori grandi di una grattugia da formaggio. Lavare i lamponi e le fragole e dividere in quarti queste ultime. Lavare la menta. In un bicchiere mescolare il veg-cheese e l'acqua sino a ottenere una crema fluida. Mettere tutti gli ingredienti in una ciotola e amalgamare. Servire e gustare.

***Nota:** le carote viola, che ormai si iniziano a trovare un po' in tutti i supermercati, hanno una marcia in più rispetto alle carote arancioni. Contengono betacarotene come le altre ma anche un'elevata percentuale di antociani, che hanno un'attività antiossidante, anti-invecchiamento cellulare, anticellulite e riparatrice-preventiva delle ectasie venose (capillari, emorroidi ecc.), antinfiammatoria e antiaggregante. Secondo studi scientifici australiani, per via dell'alto contenuto di polifenoli, sembrano utili nella prevenzione del cancro, soprattutto quello del colon.*

Insalata di ceci, carote viola e avocado

V D P E

Per 2 persone:

* 450 g di ceci cotti
* 2 carote viola
* 1 avocado
* 1 cucchiaino di peperoncino macinato
* 1 pizzico di sale rosa
* 1 cucchiaio di olio extravergine d'oliva
* scorza di 1 limone
* succo di 1 limone

I ceci mi piacciono veramente molto e trovo utile rimuoverne la cuticola prima di consumarli per renderli più digeribili. Una volta cotti o prelevati dal barattolo, se acquistati già lessi, basta immergerli nell'acqua fredda, muoverli con le mani strofinando leggermente e la cuticola si staccherà facilmente.

Preparazione

Lavare e tagliare le carote con un pelapatate. Pelare e tagliare l'avocado. Unire le carote, i ceci e l'avocado in una ciotola. Condire con olio, sale, limone, scorza di limone, peperoncino e servire.

Nota: *questa insalata può essere a tutti gli effetti un piatto unico, da consumare a casa, al lavoro o durante un pic-nic.*

Insalata di radicchio rosso di Treviso, arancia, menta e melograno

V D E

Per 2 persone:

* 1 radicchio rosso di Treviso medio
* 2 arance
* semi di 1 melograno
* 2 rametti di menta
* 2 cucchiai di olio extravergine d'oliva
* 1 pizzico di sale rosa

Radicchio, melograno, arancia e menta insieme? Sono un quartetto delizioso e insospettabile che unisce proprietà salutari e gusto. Il radicchio è drenante, depurativo e antiossidante; il melograno è antiossidante; l'arancia è immunostimolante; la menta è disinfettante e digestiva.

Preparazione

Lavare il radicchio e tagliare grossolanamente le foglie. Sbucciare le arance e tagliarle in più parti. Lavare la menta. Unire in una ciotola i semi del melograno, le arance, il radicchio e le foglioline di menta. Condire con l'olio e il sale. Servire.

Insalata in verde

V D E

Per 2 persone:

* 2 zucchine piccole o 1 grande
* 1 mela verde
* 2 cucchiai di semi di zucca sgusciati (non tostati e non salati)
* 2 cucchiai di olio extravergine d'oliva
* 1 pizzico di sale rosa
* succo di 1 limone

Molte persone che non amano le verdure si ricredono quando scoprono che queste non sono sinonimo di zucchina lessa o insalata scondita. Sperimentare in cucina associazioni di vegetali, frutta e semi oleosi può rendere l'avvicinamento alla verdura molto più gradevole, riducendo i pregiudizi che si possono avere.

Preparazione

Lavare le zucchine e tagliarle con un pelapatate. Lavare la mela, rimuovere il torsolo e lasciare la buccia; tagliare la mela in cubetti. In una ciotola unire le zucchine, la mela e i semi di zucca. Condire con l'olio, il sale e il succo di limone.

***Nota:** la mela verde è più croccante e ha un sapore acidulo rispetto alla mela rossa. Ha un alto potere saziante e depurativo. Le sue fibre influiscono sull'assorbimento degli zuccheri riducendolo, pertanto è indicata in caso di diabete mellito.*

Ha un'azione anticolesterolo e migliora l'aspetto della pelle grazie all'alto contenuto vitaminico.

Insalata di zucca cruda

V D E

Per 2 persone:

* 200 g di zucca Butternut
* semi di 1 melograno
* 1 costa di sedano
* 1 cipolla di Tropea
* 2-3 rametti di prezzemolo
* 1 pizzico di sale rosa
* pepe a piacere
* 2 cucchiai di olio extravergine d'oliva

La zucca è buona sia cotta che cruda, ma in versione cruda, almeno per me, è stata una scoperta recente e davvero piacevole. Esistono vari tipi di zucca; la mia preferita è la Butternut, con la quale ho preparato questa ricetta.

Preparazione

Togliere la buccia alla zucca e tagliarla a julienne. Tagliare la cipolla finemente, lavare e tagliare il sedano e il prezzemolo. In una ciotola unire la zucca, la cipolla, i semi del melograno, il sedano, il prezzemolo e infine l'olio, il sale e il pepe. Mescolare e servire.

Nota: *la zucca Butternut è chiamata anche "violina" perché la sua forma ricorda la custodia del violino. Si conserva per molto tempo a temperatura ambiente, anche per mesi. È tipicamente invernale, ma se conservata opportunamente può arrivare integra alla primavera.*

Primi piatti e piatti unici

Portare la salute nel piatto può sembrare davvero noioso. Lo so per certo perché le persone che arrivano al mio studio mi guardano scoraggiate prima di sapere cosa consiglierò di fare e mi dicono che stare a dieta è veramente monotono e pesante. Le comprendo profondamente perché, prima o poi, siamo tutti incappati o nelle diete "fai da te" terribilmente privative o nelle diete, prescritte non si sa sulla base di quale criterio, che tagliano via tantissime calorie, tantissimi alimenti e che prevedono spesso pasti sostitutivi che sanno poco di cibo vero.

Attraverso la consapevolezza che il cibo è un valido alleato se gli si fa svolgere correttamente il suo dovere, si possono realizzare in poco tempo e in economia piatti deliziosi, prelibati, gustosi e salutari.

Non si può e non si deve rinunciare al gusto. È pur vero che anche il gusto va educato. Siamo talmente saturi di cibi salati, addizionati di grassi non sani, zuccheri e aromi artificiali, da aver dimenticato quale sia il sapore naturale degli alimenti. Credo sia proprio questo il motivo per cui si arriccia un po' il naso di fronte a un piatto rustico, semplice e genuino. Forse dovremmo sorvolare per qualche giorno sui pregiudizi per cui sano equivale a insipido e monotono, per sperimentare combinazioni di alimenti facilmente reperibili, colorati e genuini, prima di giudicare i cambiamenti nelle abitudini alimentari.

I piatti unici che contengono proteine, grassi e carboidrati sono un buon modo per mangiare in modo completo e gustoso anche al lavoro, ma nulla vieta di preparare un primo da associare a un'insalata colorata, ai vegetali fermentati e a un secondo.

Tutte le ricette A.M.S. sono preparate con cereali e semi senza glutine. C'è solamente una ricetta con la pasta senza glutine per un motivo molto semplice: tutti la sappiamo cucinare e abbinare, mentre è più difficile sviluppare la creatività con altri tipi di alimenti. La pasta, però, non può essere messa in ammollo per eliminare l'acido fitico (questo fa pensare a quanto se ne ingerisce mangiandola tutti i giorni), pertanto non ne faccio un uso giornaliero.

I cereali e i semi lessati si conservano in frigorifero per 3-4 giorni. Questo è molto utile per pianificare, organizzare e gestire il menù settimanale, improvvisare insalate colorate e ricche che possono diventare un piatto unico e preparare sformati al forno oppure polpette.

Se non è possibile, per mancanza di tempo e di organizzazione, mettere in ammollo i cereali e i semi e assicurarsi di sciacquarli abbondantemente sotto l'acqua corrente per almeno 3-5 minuti. Ciò è importante per rimuovere il più possibile l'acido fitico, l'antinutriente che ostacola l'assorbimento di alcuni minerali e rende la pietanza meno digeribile.

Crêpes di spinaci con ceci al pomodoro e curcuma

E D P

Per 2 persone:

PER LE CRÊPES:

* 100 g di farina di riso integrale (oppure farina di ceci, di miglio, di quinoa, di grano saraceno)
* 1 manciata di spinaci crudi
* 2 uova
* 100 ml di acqua filtrata o di bottiglia
* un pizzico di sale rosa o integrale

PER I CECI AL POMODORO E CURCUMA:

* 300 g di ceci lessi
* 200 ml di passata di pomodoro
* 1 pizzico di sale
* 1 spicchio d'aglio sbucciato
* 1 cucchiaio di timo secco
* 2 cucchiai di olio extravergine d'oliva
* 1 cucchiaio di curcuma
* ½ cucchiaino di peperoncino macinato

Le crêpes sono buonissime sia nella versione semplice sia aromatizzate e arricchite con le verdure direttamente nell'impasto. In quest'ultimo modo diventano un piatto unico, facile e veloce da preparare, che sta comodamente nel lunch box consentendo di avere a disposizione la verdura senza dover portare un contenitore a parte.

Preparazione

In una ciotola unire la farina, le uova, il sale e metà dell'acqua. Amalgamare sino a formare una pastella. Aggiungere gli spinaci e frullare con il frullatore a immersione. Se la pastella dovesse risultare troppo densa, aggiungere l'acqua restante.
Scaldare una padella antiaderente e versarvi la pastella con l'aiuto di un mestolo (una quantità maggiore o minore a seconda delle dimensioni delle crêpes che si vogliono ottenere), far cuocere circa 2 minuti per lato e mettere in un piatto. Proseguire versando il composto sino a terminarlo.
In un pentola, far scaldare l'olio e l'aglio (intero o tritato), versare la passata di pomodoro e far rapprendere per 2 minuti. Aggiungere i ceci, il timo, il peperoncino e far cuocere per un paio di minuti. Spegnere il fuoco e cospargere il tutto con la curcuma, quindi mescolare. Servire i ceci sopra le crêpes di spinaci.

Crostatine salate d'avena

E D P

Per 6 crostatine o 1 crostata grande:

* 200 g di fiocchi d'avena senza glutine
* 1 pizzico di sale rosa o integrale
* 1 cucchiaino di lievito per cibi salati
* 3 cucchiai di semi di zucca sbucciati, non salati e non tostati
* 60 ml di olio extravergine d'oliva

PER IL RIPIENO:

* 4 uova e 2 albumi biologici
* avanzi di asparagi, piselli, spinaci ecc.
* ½ cucchiaino di sale
* 1 cucchiaino di peperoncino macinato

Io amo le crostate salate: sono veloci da preparare, si conservano in frigorifero per qualche giorno, sono l'ideale da consumare al lavoro e consentono di svuotare il frigorifero dagli avanzi.

Preparazione

Accendere il forno a 180 °C ventilato. Frullare i fiocchi d'avena e i semi di zucca e mettere in una ciotola. Aggiungere i restanti ingredienti e impastare con le mani sino a ottenere un impasto sodo. Dividerlo in sei parti e pressarne ognuna nello stampino per le crostatine (si può utilizzare uno stampo grande e preparare un'unica crostata). Bucherellare le basi con i rebbi di una forchetta. Nel frattempo sbattere le uova con il sale e il peperoncino. Versare le uova sulle basi per le crostatine e disporvi sopra le verdure. Infornare per 25-30 minuti. Sfornare e gustare. Buone calde ma deliziose anche fredde.

Gnocchi di batata con olio al timo

V D E

Per 2 persone:

* 300 g di batata cotta al forno
* 50-80 g di farina di riso
* ½ cucchiaino di sale rosa
* 1 uovo
* 3 cucchiai di olio al timo (pag. 182)

A oggi e con questo ho scritto quattro libri e su tre ci sono le ricette per gli gnocchi: lo ammetto, non posso farne a meno, mi piacciono tantissimo!
Mi piace anche sfatare qualche mito, come quello che gli gnocchi facciano ingrassare. Che siano di patate o di batate, a parità di quantità, contengono meno carboidrati rispetto a un piatto di pasta; quindi basta saperli preparare, in pochi minuti, e si possono gustare tutte le volte che se ne ha voglia.

Preparazione

Schiacciare le batate con lo schiacciapatate e metterle in una ciotola. Aggiungere il sale, l'uovo e un cucchiaio di farina. Amalgamare con le mani e aggiungere via via la farina fino a raggiungere una consistenza soda ma morbida.
Infarinare il piano di lavoro. Dividere l'impasto in più pezzi. Lavorarli sino alla dimensione di un tubo di circa 1,5 cm. Tagliare gli gnocchi a tocchettini e disporli in un piatto infarinato. Far bollire l'acqua, versare gli gnocchi e far cuocere per un paio di minuti o sino a quando verranno a galla. Raccoglierli con la schiumarola e disporli nei piatti. Condire con l'olio al timo e servire.

Hamburger di quinoa e cannellini con crema alla menta, mandorle e limone

V D P E

Per 2 persone:

* 2 barattoli sgocciolati di fagioli cannellini o 480 g di avanzo se cotti in casa
* 100 g di quinoa cruda o 250 g cotta
* 2 carote
* 1 cipollotto o 1 cipolla piccola
* 1 pizzico di sale
* 1 pizzico di pepe
* 1 cucchiaio raso di curcuma
* peperoncino a piacere
* 10 ml di olio extravergine d'oliva
* 4 cucchiai di crema alla menta, mandorle e limone (pag. 190)

La quinoa è una pianta appartenente alla stessa famiglia degli spinaci e ha un alto potere nutritivo. Ebbene, è vero che apparentemente non è un alimento proprio economico, ma, considerando gli innumerevoli vantaggi salutari che offre (fibre, antiossidanti, buon profilo aminoacidico) e il fatto che una volta cotta quadruplica il suo volume fornendo un alto potere saziante, merita di essere inserita fra i cibi che sarebbe opportuno consumare.

Preparazione

Pesare e sciacquare abbondantemente la quinoa o, meglio ancora, lasciarla in ammollo la sera prima o la mattina per la sera. Metterla in una pentola con 300 ml d'acqua, portare a ebollizione e abbassare il fuoco; cuocere per 12 minuti coperta. Trascorso questo tempo, togliere dal fuoco, mettere uno strofinaccio pulito fra la pentola e il coperchio e lasciare chiuso per 5 minuti. Mentre la quinoa cuoce, frullare ¾ dei cannellini insieme all'olio, il sale, il pepe, la curcuma, il peperoncino, le carote grattugiate e il cipollotto tagliato. Versare il composto in una ciotola e unirvi i restanti cannellini (servono per conferire una consistenza soda) e la quinoa. Impastare e formare gli hamburger; adagiarli su una teglia da forno e infornare a 180 °C per 20-25 minuti (in alternativa si possono cucinare sulla piastra). Sfornare gli hamburger e gustare con la crema alla menta, mandorle e limone oppure riporli nel cestino del pranzo per il giorno dopo. È possibile congelarli e utilizzarli all'occorrenza riscaldandoli in forno.

Hummus di ceci, pomodori secchi e pomodorini con olio anti-aging

V D P E

Per 2 persone:

* 2 barattoli sgocciolati di ceci o 480 g se cotti in casa (rimuovere la cuticola con le mani per una maggiore digeribilità)
* 4 pomodori secchi
* 5-6 pomodori pachino
* ½ cucchiaino di sale rosa
* ½ cucchiaino di pepe nero macinato
* 4 foglie di basilico
* 1 cucchiaino di peperoncino macinato
* 2 cucchiai di olio anti-aging (pag. 182)

Questa ricetta velocissima è ottima per il pranzo a casa o al lavoro, la cena e, perché no, per accompagnare un aperitivo con gli amici sul terrazzo. Si prepara in un batter d'occhio e sorprende per il gusto che sprigiona.

Preparazione

Frullare i ceci con i pomodori secchi e metà dei pachino, il sale, il pepe, il peperoncino, due foglie di basilico e metà dell'olio. Versare nelle ciotole o nei bicchieri e guarnire con i pomodori, l'olio e il basilico rimasti.

Lenticchie rosse alla curcuma e peperoncino

V D P E

Per 2 persone:

* 300 g di lenticchie rosse decorticate
* 1 spicchio d'aglio pelato
* 2 cucchiai di olio extravergine d'oliva
* 1 pizzico di sale rosa o integrale
* 1 cucchiaio di peperoncino macinato
* 2 cucchiai di curcuma
* acqua filtrata o di bottiglia quanto basta

Le lenticchie rosse decorticate non necessitano di ammollo e si cucinano in 15 minuti. È sempre utile averne un pacchetto in dispensa per risolvere rapidamente una cena d'inverno oppure da utilizzare come salsa in estate.

Preparazione

Sciacquare per 2-3 minuti le lenticchie. In una pentola far scaldare l'olio e l'aglio intero o tritato. Aggiungere le lenticchie e l'acqua a coprire per circa 4 cm. Mettere il coperchio e portare a bollore; abbassare la fiamma e cuocere per 15 minuti o più se occorre. Togliere dal fuoco e aggiungere il peperoncino e la curcuma. Amalgamare e servire. Si conserva in frigorifero per 2-3 giorni.

Melanzane ripiene con quinoa, pomodorini e limone

V D P E

Per 2 persone:
* 2 melanzane lunghe
* 100 g di quinoa (bianca, rossa, nera o mista)
* 2 spicchi d'aglio
* 15 pomodorini
* 4-5 steli di prezzemolo fresco
* 1 limone
* 2 cucchiai di olio extravergine d'oliva
* 2 pizzichi di sale rosa o integrale

Le melanzane sono buonissime con ogni ripieno, ma quando le ho provate con la quinoa avanzata dal giorno prima sono rimasta sorpresa per il gusto, e da allora ho preparato questa ricetta molte volte.

Preparazione

Lessare la quinoa in circa 200 ml d'acqua per 10-12 minuti (o utilizzare un avanzo già cotto) dopo averla tenuta in ammollo per almeno 30 minuti (meglio tutta la notte) o almeno dopo averla risciacquata molto a lungo.
Lavare e tagliare le melanzane in due parti nel senso della lunghezza. Inciderle sulla polpa, asportarne con un cucchiaio la metà e mettere la polpa in una ciotola insieme ai pomodorini lavati e tagliati, il sale, l'olio e l'aglio tritato. Mescolare e mettere il ripieno sulle melanzane.
Infornare a 180 °C per 25 minuti. Sfornare e cospargere con il succo di limone e il prezzemolo tritato.
Buone calde e gustose anche fredde, sono ottime da portare al lavoro.

Pancake salati

V D P E

Per 2 persone:

PER I PANCAKE:

* 150 g di farina di riso integrale o mix di farina senza glutine
* 200 ml di albumi o 2 uova intere e 2 albumi
* 1 pizzico di sale integrale

PER LA FARCITURA:

* 1 zucchina
* 2 cucchiai di olio extravergine d'oliva
* salsa di pomodoro (anche un avanzo)
* 2 cucchiai di capperi
* origano a piacere
* peperoncino a piacere
* 3 cucchiai di crema di anacardi e curcuma

PER LA CREMA DI ANACARDI E CURCUMA (per 200 g):

* 200 g di anacardi
* 1 pizzico di sale
* 1 pizzico di pepe
* 1 cucchiaino di peperoncino
* 1 cucchiaio di curcuma
* succo di 1 limone

Con i pancake salati, preparare il pranzo e la cena è facile e divertente. Si possono guarnire con tutto ciò che ci piace e hanno il vantaggio di poter essere preparati in anticipo ma anche conservati in frigorifero per 3-4 giorni, avvolti dalla pellicola trasparente.

Preparazione

Guarnire i pancake con la zucchina grattugiata e condita con olio e origano, con la salsa di pomodoro, origano e capperi o con la crema di anacardi e curcuma e peperoncino.

Per i pancake:
in una ciotola mescolare la farina, il sale e gli albumi (o le uova intere e gli albumi) fino a formare una pastella cremosa (aggiungere poca acqua se è troppo densa). Scaldare una padella antiaderente e versarvi una parte del composto facendolo diffondere muovendo la padella. Cuocere da ambo i lati e continuare così fino a terminare tutta la pastella.

Per la crema di anacardi e curcuma:
mettere in ammollo gli anacardi dalle 2 alle 8 ore. Sciacquarli sotto l'acqua corrente e metterli in un frullatore con il sale, il pepe, il peperoncino, il succo di limone e la curcuma. Frullare fino a ottenere una consistenza cremosa (ci vorrà qualche minuto), aiutandosi di tanto in tanto con una spatola per rimuovere il composto dai bordi del frullatore.

Batate al forno con rosmarino e peperoncino

V D E

Per 2 persone:

* 400 g di batate
* 2 cucchiai di olio extravergine d'oliva
* rosmarino e peperoncino a piacere
* 1 pizzico di sale integrale
* 1 spicchio d'aglio

Hai letto bene, non c'è un errore di battitura!
La batata, o patata dolce americana, è una radice tuberosa originaria dell'America del Sud, arrivata a noi grazie a Cristoforo Colombo. Non contiene solanina come le patate perché appartiene a tutt'altra famiglia; infatti può essere consumata cruda.
Ha proprietà antiossidanti e anti-aging nonché ipocolesterolemizzanti e ipoglicemizzanti grazie al cajapo contenuto nella buccia che, quindi, è bene non gettare ma consumare ben lavata.

Preparazione

Accendere il forno a 200 °C statico o 180 °C ventilato.
Lavare le batate, sbucciarle e tenere la buccia da parte (può essere consumata tal quale o anche nelle insalate).
Tagliare le batate nella forma che più si gradisce e condirle, direttamente in una teglia, con i restanti ingredienti, scegliendo se utilizzare l'aglio intero o tritato.
Infornare per 30 minuti.

Polpette di quinoa e zucchine con salsa al prezzemolo

V D P E

Per 2 persone:

* 120 g di quinoa (250 g se già cotta)
* 1 zucchina
* 1 spicchio d'aglio sbucciato
* 1 pizzico di sale rosa
* 1 cucchiaino di peperoncino macinato
* 1 cucchiaino di curcuma
* 1 spolverata di pepe
* 1 cucchiaio di olio extravergine d'oliva

PER LA SALSA AL PREZZEMOLO:

* 2 cucchiai di burro di mandorle (pag. 306)
* 1 mazzetto di prezzemolo
* succo di 1 limone
* 1 pizzico di sale rosa

I bambini amano le polpette, quindi utilizzarle per camuffare le verdure al loro interno può essere utile quando non le gradiscono.
In questa ricetta si utilizzano le zucchine crude, che si sposano perfettamente con la salsa al prezzemolo.

Preparazione

Lessare la quinoa in circa 200 ml d'acqua per 10-12 minuti (o utilizzare un avanzo già cotto) dopo averla tenuta in ammollo almeno 30 minuti (meglio tutta la notte) o dopo averla risciacquata a lungo.
Lavare e grattugiare la zucchina con i fori grandi di una grattugia da formaggio.
Tritare l'aglio. Unire in una ciotola la quinoa, le zucchine, l'aglio, il sale, il peperoncino, la curcuma e il pepe. Amalgamare e formare le polpette aiutandosi con le mani, pressando ben bene. Scaldare l'olio in una padella antiaderente e riporre le polpette nella stessa. Far cuocere circa due minuti per lato. Impiattare e servire con la salsa al prezzemolo.

Per la salsa al prezzemolo:
lavare e tritare il prezzemolo. Mescolare tutti gli ingredienti in una ciotola e amalgamare. Utilizzare al momento o conservare in frigorifero, in un barattolo chiuso, per 2-3 giorni.

Purea di batata e anacardi

V D P E

Per 2 persone:

* 300 g di batata cotta al forno
* 100 g di anacardi
* 1 pizzico di sale
* 1 cucchiaio di olio anti-aging (pag. 182)
* 1 spicchio d'aglio pelato
* 1 cucchiaino di peperoncino macinato
* 1 cucchiaino di curcuma
* 1 spolverata di pepe

Gli anacardi aiutano a conferire una consistenza cremosa a ogni zuppa. Hanno una buona quota proteica e stanno bene sia con il dolce sia con il salato.

Preparazione

Mettere in ammollo gli anacardi per almeno 2 ore. Sciacquarli abbondantemente. Frullare tutti gli ingredienti a eccezione di qualche anacardo. Servire in una ciotola e guarnire con gli anacardi rimasti e una spolverata di peperoncino.
è buona sia calda sia fredda e accompagna bene le uova, la carne e il pesce.

Purea di piselli e nocciole tostate

V D P E

Per 2 persone:

* 400 g di piselli freschi o 450 g congelati
* 50 g di nocciole sbucciate
* 1 cucchiaio di olio extravergine d'oliva
* 1 pizzico di sale rosa o integrale
* 1 pizzico di pepe
* 1 pizzico di noce moscata
* 2-3 cucchiai di acqua filtrata o di bottiglia

Le nocciole contengono una buona quantità di acido oleico (omega-9) con vantaggi per i livelli circolanti di colesterolo. Sono ricche di fibre, minerali e vitamine quali la E, la B6, i folati e la tiamina.

Preparazione

Lessare i piselli in acqua bollente per 3-4 minuti. Nel frattempo tostare in padella le nocciole per circa 2 minuti. Frullare tutti gli ingredienti e se occorre, per migliorare la cremosità, aggiungere poca acqua. Servire in una ciotola. Buona da sola o con delle verdure di accompagnamento crude o cotte.

Quinoa ai cetrioli fermentati con vinaigrette anti-aging

V D P E

Per 2 persone:

* 150 g di quinoa cruda (o 280 g cotta)
* 3-4 pomodori secchi
* 4-5 cucchiai di cetrioli fermentati (pag. 171)
* 1 cucchiaino di peperoncino
* 2 cucchiai di vinaigrette anti-aging (pag. 184)

I cetrioli fermentati rendono le portate ricche di probiotici e ne facilitano la digestione. Sono freschi e croccanti; rendono gustoso il piatto più semplice e noioso ravvivandolo di sapore.

Preparazione

Lessare la quinoa in circa 200 ml d'acqua per 10-12 minuti (o utilizzare un avanzo già cotto) dopo averla tenuta in ammollo almeno 30 minuti (meglio tutta la notte) o dopo averla risciacquata a lungo. Tagliare i pomodori secchi. Condire la quinoa con i pomodori secchi, i cetrioli fermentati, il peperoncino e la vinaigrette.

Quinoa rossa alle zucchine saltate

V D P E

Per 2 persone:

* 150 g di quinoa rossa cruda (o 280 g cotta)
* 2 zucchine
* 2-3 pomodori secchi
* 2 cucchiai di olio anti-aging (pag. 182) + 1 cucchiaio di olio extravergine d'oliva
* 1 pizzico di sale rosa
* 1 pizzico di pepe

Le zucchine si cucinano in pochissimi minuti, contengono circa il 90% d'acqua, il 3% di proteine e il 3% di carboidrati (la percentuale restante è formata da fibre, ceneri e una minima quota di lipidi). Hanno proprietà diuretiche, lassative e antinfiammatorie.

Preparazione

Lessare la quinoa in circa 200 ml d'acqua per 10-12 minuti (o utilizzare un avanzo già cotto) dopo averla tenuta in ammollo per almeno 30 minuti (meglio tutta la notte) o dopo averla risciacquata a lungo. Tagliare a rondelle le zucchine e i pomodori secchi a listerelle. Scaldare l'olio extravergine in una padella, far saltare per 3-4 minuti le zucchine e i pomodorini, salare e pepare. Unire il tutto alla quinoa rossa e condire con l'olio anti-aging. Servire e gustare.

Riso Nerone con crema di avocado e aglio fermentato

V D E

Per 2 persone:

* 150 g di riso Nerone
* 1 cucchiaio di olio extravergine d'oliva
* 1 pizzico di sale rosa o integrale
* 400 ml di acqua filtrata o di bottiglia
* 4 spicchi d'aglio fermentato (pag. 172)
* 4 cucchiai di crema di avocado

PER LA CREMA DI AVOCADO:

* 1 avocado pelato
* 2 spicchi d'aglio fermentato
* 1 cucchiaino di peperoncino macinato
* 1 pizzico di sale rosa o integrale
* succo di 1 limone

Il riso Nerone è veramente speciale. Contiene più fibra, ferro e silicio rispetto alle altre varianti. Il pericarpo (la pellicina che lo ricopre) è ricca di antociani, che sono antiossidanti molto efficaci. Ha un tempo di cottura lungo, che può essere abbreviato con l'utilizzo della pentola a pressione. Sia durante la cottura sia da cotto, sprigiona un profumo inebriante come quello del pane appena sfornato.

Preparazione

Mettere in ammollo il riso la sera prima o la mattina per la sera. Risciacquare e cuocere in pentola a pressione con acqua e sale, per 20 minuti dal sibilo. Servire con la crema di avocado e guarnire con l'aglio fermentato.

Per la crema di avocado:
frullare l'avocado con 2 spicchi d'aglio fermentato, il limone, il sale e il peperoncino. Utilizzare nell'immediato o conservare in frigorifero in un barattolo chiuso per 2-3 giorni.

Sorgo con ceci e verza viola fermentata

V D P E

Per 2 persone:

* 150 g di sorgo
* 400 ml di acqua filtrata
* 240 g di ceci già cotti e privati della cuticola
* 3-4 cucchiai di verza viola fermentata (pag. 175)
* 2 cucchiai di olio anti-aging (pag. 182)

Avevo sempre sentito parlare del sorgo ma non avevo mai avuto modo di approvvigionarmene. Ci ha pensato la mia amica Gloria a procurarmelo, in un negozio di alimenti biologici, sapendo che sono sempre alla ricerca di prodotti antichi, tradizionali e sani. Il sorgo, il quinto cereale per importanza, è ricchissimo di fibre e privo di glutine. Non ha un profilo aminoacidico completo e quindi dovrebbe essere associato ai legumi. È ricco di niacina e di vitamina E.

Preparazione

Mettere in ammollo il sorgo dalle 8 alle 12 ore e risciacquarlo abbondantemente. In alternativa fare un ammollo per 30 minuti con acqua e 1 cucchiaio di aceto per rimuovere il più possibile l'acido fitico; sciacquare bene. Cuocere per circa 20 minuti dal bollore dell'acqua. Il sorgo assorbirà tutto il liquido; se ne dovesse occorrere di più, aggiungerlo. Guarnire con i ceci, la verza viola fermentata e l'olio anti-aging.

Zucchine ripiene con avena, batata e tonno

E D P

Per 2 persone:

* 2 zucchine tonde medie
* 40 g di fiocchi d'avena senza glutine
* 200 g di tonno in vetro all'olio d'oliva
* 1 batata media cotta al forno
* 6-8 pomodori pachino
* 2 spicchi d'aglio pelato
* 4-5 foglie di basilico
* 1 pizzico di sale rosa

Mi piacciono tantissimo le zucchine tonde ripiene, con il loro cappello che nasconde tante prelibatezze. Sono buone appena sfornate ma anche fredde. Si possono quindi preparare in anticipo, per poi trovare il pranzo o la cena pronti.

Preparazione

Lavare le zucchine e tagliarne la sommità.
Con un cucchiaio rimuovere l'interno della zucchina e amalgamarlo con i fiocchi d'avena, la batata schiacciata, i pomodori divisi in quarti, il sale, l'aglio tritato e due foglie di basilico. Ricoprire con la sommità delle zucchine e infornare a 180 °C per 20-25 minuti. Sfornare e guarnire con il basilico rimasto. Gustare.

Ceci croccanti o "ceci scrunch"

V D P E

Per 2 persone:

* 2 barattoli di ceci cotti o 200 g da cuocere
* 2 cucchiai di olio extravergine d'oliva
* ½ cucchiaino di sale rosa o integrale
* 1 cucchiaino di paprica affumicata
* ½ cucchiaino di peperoncino in polvere
* ½ cucchiaino di origano
* 1 cucchiaino di curry

I ceci croccanti e speziati sono un ottimo pasto, saporito e gustoso, da consumare al lavoro, davanti alla TV mentre si guarda un bel film, per accompagnare un aperitivo con gli amici o in tutte quelle occasioni in cui se ne ha voglia.

Preparazione

Condire i ceci con tutti gli ingredienti e amalgamare ben bene con le mani.
Disporre su una leccarda ricoperta di carta da forno e infornare a 200 °C per 30 minuti.
Sfornare, far raffreddare e gustare.

Crostata alla bieta gialla

E D P

Per 1 crostata di medie dimensioni:

PER LA BASE:

* 200 g di mix di farina senza glutine o di riso + 1 cucchiaino di gomma xantana
* 1 pizzico di sale rosa o integrale
* 1 uovo biologico
* 50 ml di olio extravergine d'oliva

PER IL RIPIENO:

* 1 manciata di bieta cotta al vapore o lessata
* 1 uovo biologico + 200 ml di albumi
* 1 pizzico di sale
* ½ cucchiaino di peperoncino

La bieta gialla, una variante della bieta rossa, è molto diffusa nel Nord Italia ma inizia a comparire anche sui banchi del mercato e del supermercato un po' in tutte le regioni italiane. È molto saporita e gustosa e le coste non perdono il colore giallo durante la cottura.

Preparazione

In una ciotola, impastare la farina, il sale, l'uovo e l'olio sino a formare una palla liscia. Ricoprirla di pellicola trasparente e lasciar riposare in frigorifero per 30 minuti. Nel frattempo cuocere la bieta al vapore per qualche minuto. Accendere il forno a 180 °C. Stendere la pasta con un mattarello e adagiarla in una teglia ricoperta di carta da forno, avendo cura di creare dei bordi rialzati. In una ciotola, sbattere l'uovo e gli albumi con un pizzico di sale; aggiungere il peperoncino e la bieta (foglie intere o tagliate). Versare il composto sulla base della crostata. Infornare per 30-35 minuti.
Sfornare, far intiepidire e servire. È buona anche fredda e spesso la preparo quando passo una giornata all'aria aperta perché è un ottimo pasto da pic-nic.

Crostata di broccoletti ripassati

E D P

Per una teglia da 20-22 cm:

PER LA BASE:

* 200 g di mix di farina senza glutine o di riso + 1 cucchiaino di gomma xantana
* 1 pizzico di sale rosa o integrale
* 1 uovo biologico
* 50 ml di olio extravergine d'oliva

PER IL RIPIENO:

* 2 manciate di broccoletti ripassati in padella con aglio, olio e peperoncino
* 1 uovo biologico e 200 ml di albumi
* 1 pizzico di sale rosa o integrale

La crostata, dolce o salata che sia, oltre a essere deliziosa, è estremamente versatile. In versione salata può essere anche portata al lavoro nel lunch box, fornendo tutti i nutrienti per un pasto sano e gustoso. È buona sia calda sia fredda e questa versione con i broccoletti è una delle mie preferite.

Preparazione

In una ciotola, impastare la farina, il sale, l'uovo e l'olio sino a formare una palla liscia. Ricoprirla di pellicola trasparente e lasciar riposare in frigorifero per 30 minuti. Accendere il forno a 180 °C. Prelevare $^{2}/_{3}$ della pasta, stenderla con un mattarello e adagiarla in una teglia ricoperta di carta forno, avendo cura di creare dei bordi rialzati. Stendere la parte restante e creare delle striscioline di circa 1 cm di larghezza aiutandosi con una rotella per ravioli. In una ciotola, sbattere l'uovo e l'albume con il sale. Aggiungere i broccoletti ripassati e tagliati grossolanamente. Versare il composto nella base. Disporre le strisce di pasta sul ripieno a formare una griglia. Infornare per 30-35 minuti. Sfornare, lasciar intiepidire e servire. È buona anche fredda.

Pasta e ceci alla curcuma

V D P E

Per 2 persone:

* 100 g di spaghetti spezzati
* 300 g di ceci già cotti
* 200 ml di polpa di pomodoro
* 1 cucchiaio di curcuma
* 2 spicchi d'aglio pelato
* 1 rametto di rosmarino fresco o 1 cucchiaio secco
* 1 pizzico di sale rosa o integrale
* 400 ml di acqua filtrata o di bottiglia
* 2 cucchiai di olio extravergine d'oliva

D'inverno, un bel piatto di pasta e legumi è quello che ci vuole per ristorarsi dopo una giornata faticosa; oppure si può portare al lavoro, per pranzo, in un contenitore con la chiusura ermetica. Certo il piatto fumante è sicuramente più appetibile, ma ci si può accontentare.
La pasta che utilizzo è senza glutine. Generalmente la scelgo di grano saraceno o di quinoa oppure di riso integrale o di un mix di farine, cercando di evitare il mais che è tutto OGM (geneticamente modificato).

Preparazione

Far scaldare l'olio in una casseruola, aggiungere l'aglio tritato e far rosolare per qualche secondo. Versarvi la polpa di pomodoro, il sale, il rosmarino e l'acqua, mescolare e portare a bollore. Aggiungere la pasta e i ceci. Cuocere per il tempo indicato sulla confezione della pasta. Togliere dal fuoco, aggiungere la curcuma e amalgamare. Servire e gustare.

Pizza di zucca

V* D P E

Per una teglia da 24 cm:

PER LA BASE:

* 400 g di zucca Butternut cruda
* 1 cucchiaino di peperoncino macinato
* 1 cucchiaino di timo secco
* 1 cucchiaino di origano secco
* 1 pizzico di sale rosa
* 1 pizzico di pepe
* 2 uova sbattute
* 40 g di farina di mandorle

PER LA FARCITURA:

* 8-10 pomodori pachino
* 1 manciata di foglie di spinaci piccole
* 1 pizzico di sale
* 1 cucchiaio di olio extravergine d'oliva

Che mi piaccia la pizza non è un mistero per nessuno: la preparo molte volte a settimana. Una pizza tutta vegetale, però, può essere un'alternativa sfiziosa e salutare. Si può preparare con una base di cavolfiore, ma io preferisco di gran lunga questa con la zucca Butternut.

Preparazione

Rimossa la buccia, tagliare a tocchetti la zucca e frullarla. Metterla in una ciotola insieme al peperoncino, il timo, l'origano, le uova, il sale, la farina di mandorle, il pepe e amalgamare sino a formare una palla (che sarà più appiccicosa di un impasto tradizionale per la pizza).
Accendere il forno a 200 °C.
Pressare l'impasto in una teglia tonda antiaderente ricoperta di carta da forno. Infornare per 20-35 minuti o fino a quando non sarà dorata.
Nel frattempo preparare la farcitura lavando gli spinaci e i pomodorini. Disporli sulla base già cotta, condire con olio e sale e gustare.

Nota: V* *per un'alternativa vegana, in caso di allergia o intolleranza alle uova, sostituirle con una preparazione a base di chia. Dosare 30 g di semi di chia in una ciotola e aggiungere 175 ml d'acqua. Mescolare bene e riporre in frigorifero per 15 minuti prima di utilizzare.*

Tortino di miglio, carote e sesamo

V D E

Per 2 persone:

* 150 g di miglio
* 1 cipolla di Tropea o di altro tipo
* ½ cucchiaino di sale integrale
* 2 carote medie
* 2 cucchiai di semi di sesamo
* 2 cucchiai di olio extravergine d'oliva
* 400 ml di acqua filtrata

La maggior parte delle persone considerano il miglio cibo per uccellini. Sebbene lo sia, è un ottimo alimento anche per noi umani. È un cereale antico, originario dell'Asia, ed è privo di glutine. È alcalinizzante e di facile digestione, utile soprattutto per chi soffre di acidità gastrica; inoltre, è un ottimo ricostituente ed energizzante sia per la salute in generale sia per la pelle, le unghie e i capelli.

Preparazione

In una pentola a pressione, far scaldare l'olio, rosolare la cipolla e le carote sminuzzate. Aggiungere il miglio (precedentemente messo in ammollo per 6-8 ore o sciacquato abbondantemente), l'acqua e il sale. Chiudere la pentola e far cuocere per 15-20 minuti dal sibilo. Accendere il forno a 200 °C. Versare il miglio in una teglia stendendolo in modo uniforme e ricoprirlo qua e là con i semi di sesamo. Infornare e far cuocere per circa 15 minuti. Sfornare, far intiepidire e servire.

Quinoa al melograno e finocchi

V D P E

Per 2 persone:

* 250 g di quinoa cotta
* semi di 1 melograno
* 1 finocchio medio
* 2 cucchiai di olio extravergine d'oliva
* 1 pizzico di sale
* succo di ½ limone

Quando non si ha proprio il tempo di cucinare, ricorrere a un avanzo di quinoa cotta può risolvere rapidamente un pranzo o una cena. È incredibile quanti accostamenti di colori e di sapori si possono creare, cercando per un paio di minuti nel frigorifero.

Preparazione

Lavare e tagliare il finocchio in strisce sottili. Sgranare il melograno. Unire tutti gli ingredienti in una ciotola e mescolare. Servire e gustare. Utile anche come pranzo da asporto; in questo caso condire al momento.

Risotto al veg-cheese

V D P E

Per 2 persone:

* 150 g di riso integrale Carnaroli
* ½ cucchiaino di sale integrale
* 5 cucchiai di veg-cheese (pag. 129)
* 1 cucchiaio di lievito in scaglie
* 450 ml di acqua filtrata o di bottiglia

Negli Stati Uniti e nei paesi del Nord Europa si pensa che in Italia si consumino i "maccheroni and cheese" praticamente tutti i giorni. In realtà non è affatto così, ma si può porre rimedio, per esempio con questa ricetta, che va bene anche per chi non consuma il formaggio.

Preparazione

Mettere in ammollo il riso per 8-12 ore oppure sciacquarlo abbondantemente per almeno 4-5 minuti. Porre il riso con il sale in una pentola a pressione e ricoprire con l'acqua. Cuocere per circa 25-30 minuti dal sibilo. Prelevare il riso e mescolarlo con il veg-cheese e il lievito in scaglie. Mettere in una teglia da forno e gratinare a 180 °C per qualche minuto.

Riso integrale con verdurine

V D E

Per 2 persone:

* 150 g di riso integrale Carnaroli (300 g se già cotto)
* 2 carote
* 5 ravanelli
* 1 manciata di foglie di spinaci piccole
* 2 cucchiai di olio extravergine d'oliva
* ½ cucchiaino di sale integrale
* 450 ml di acqua filtrata o di bottiglia

Le insalate di riso sono sempre belle da vedere e buone da gustare. Non è necessario utilizzare tanti ingredienti per avere un piatto goloso; talvolta ne bastano due o tre che si sposano alla perfezione per ottenere un'insalata croccante, gustosa e sana.

Preparazione

Mettere in ammollo il riso per 8-12 ore oppure sciacquarlo abbondantemente per almeno 4-5 minuti. Porre il riso con il sale in una pentola a pressione e ricoprire con l'acqua. Cuocere per circa 25-30 minuti dal sibilo. Prelevare il riso, riporlo in una ciotola e condire con l'olio. Far freddare e aggiungere le verdure tagliate. Gustare.

Risotto alle carote viola e limone

V D E

Per 2 persone:

* 150 g di riso Basmati
* 1 cipolla di Tropea
* 2 carote viola
* 1 costa di sedano
* ½ cucchiaino di sale
* scorza di 1 limone
* 2 cucchiai di olio extravergine d'oliva
* 450 ml di acqua filtrata o di bottiglia

La scorza del limone è un concentrato di olio essenziale che ha un potere calmante sulla psiche, riduce il nervosismo e l'ansia ed è utile in caso d'insonnia. È anche un antisettico efficace in caso di raffreddore, febbre e tosse, un tonificante per il sistema circolatorio, un depurativo per il fegato e un purificante per uso topico.

Preparazione

Mettere in ammollo il riso per 8-12 ore oppure sciacquarlo abbondantemente per almeno 4-5 minuti. In una pentola, far scaldare l'olio, aggiungere la cipolla, il sedano e le carote, il tutto tagliato a dadini. Far rosolare 2-3 minuti senza bruciare. Aggiungere il riso e mescolare circa 1 minuto per far insaporire; aggiungere l'acqua e il sale e cuocere per circa 15 minuti dal bollore mescolando di tanto in tanto. Impiattare e guarnire con la scorza del limone.

Risotto allo zafferano e anice stellato

V D E

Per 2 persone:

* 150 g di riso Basmati
* 5-6 rametti di erba cipollina
* 1 cipolla bianca
* 1 bustina di zafferano
* 2-3 anice stellato
* 2 cucchiai di olio extravergine d'oliva

Lo zafferano è la spezia più costosa al mondo, ma fortunatamente ne basta pochissimo per dare colore e sapore a ogni pietanza.

Preparazione

Mettere in ammollo il riso per 8-12 ore oppure sciacquarlo abbondantemente per almeno 4-5 minuti. Far scaldare l'olio in una pentola, aggiungere la cipolla tritata e far rosolare 2-3 minuti senza bruciare. Aggiungere il riso e mescolare circa 1 minuto per far insaporire; aggiungere l'acqua, il sale, lo zafferano, l'anice e cuocere per circa 15 minuti dal bollore, mescolando di tanto in tanto. Impiattare e guarnire con l'erba cipollina.

***Nota:** l'anice stellato è utile come antispasmodico, stimolante la digestione e carminativo. È fotosensibilizzante per la presenza di furocumarine, pertanto non andrebbe utilizzato prima di esporsi al sole.*

Uova, carne e pesce

Le uova sono state messe al bando per molto tempo, etichettate come portatrici di colesterolo cattivo e pertanto allontanate dalle tavole se non nella misura di due uova a settimana. Fortunatamente, da tanti anni, la scienza è riuscita a riabilitarle e a conferire loro un ruolo di rilievo nella nutrizione umana salutare.

Nonostante numerosi studi scientifici ci confortino sulla loro utilità, sia nel dimagrimento e nel mantenimento del peso forma, sia circa la loro innocuità in merito al colesterolo, le resistenze degli italiani e di molti medici nei loro confronti restano ancora forti.

Uova biologiche di provenienza sicura non solo fanno bene alla salute nell'immediato ma possono favorire l'integrità delle arterie evitandone la calcificazione, grazie alla presenza nel tuorlo della vitamina K2 che, in sinergia con la vitamina D, previene la deposizione di calcio nell'endotelio vascolare.

Tutto l'opposto del famigerato presunto danno alle arterie. Inoltre contengono lecitina che contrasta l'accumulo del colesterolo. Ma i pregiudizi sono duri a morire.

Personalmente consumo le uova indifferentemente in qualsiasi pasto della giornata a partire dalla colazione, come a pag. 130, o nei piatti unici o nelle insalate.

Le acquisto dal contadino di fiducia che alleva le galline a terra libere nell'aia e qualche volta me ne regalano alcune anche le mie amiche che sanno quanto mi piacciono. Ne consumo anche ogni giorno e i miei valori di colesterolo totale sono sempre sotto i 120-140 mg/dl.

Un discorso a parte è doveroso per la carne e il pesce. Se mangiarne o meno, credo sia uno degli argomenti più dibattuti al mondo in merito all'alimentazione consapevole. Tra i fautori della carne sempre e della carne mai, esiste una lotta a colpi di studi scientifici più o meno accreditati; alterchi, dibattiti e contrasti sono all'ordine del giorno sul web.

Ritengo invece utile imparare ad ascoltare i segnali del proprio corpo e nutrirsi di conseguenza. Talvolta non è sufficiente la volontà di eliminare dalla dieta, o introdurvi, un dato alimento, per convincere il corpo a sopportare la scelta; bisogna valutarne gli effetti fisici. Questi sono secondari al biotipo psico-morfologico di appartenenza, che è ampiamente tenuto in considerazione nella dieta A.M.S. e nel programma Re-Start. Un altro fattore da tenere in considerazione è la provenienza degli alimenti sia animali sia vegetali. La carne di un animale allevato a ormoni e antibiotici sarà sicuramente più infiammata della carne di un animale allevato al pascolo, così come, per esempio, il salmone selvatico sarà più ricco di omega-3 rispetto a quello di allevamento che viene nutrito a cereali (spesso OGM). Lo stesso discorso vale per il pesce in generale, inquinato da mercurio e idrocarburi, a seconda che sia stato pescato in zone più contaminate rispetto a quello che vive e viene pescato in zone più pulite. Quindi è importante informarsi sulla provenienza prima di acquistare. Lo stesso discorso è valido anche per quanto riguarda la verdura e la frutta. Se sono coltivate in zone inquinate, trattate con diserbanti, pesticidi e quant'altro, forse non sono poi così sane come siamo abituati a pensare. Inoltre la frutta colta acerba che matura lontano dall'albero, nei camion che la trasportano e nelle celle frigorifere, ha un quantitativo minore di vitamine e di minerali. Scegliere frutta e verdura biologica e a chilometro zero può essere la soluzione migliore.

Come medico endocrinologo esperto di nutrigenomica applicata, seguo numerosi pazienti che hanno scelto i più diversi regimi alimentari. Arrivano da me quando non stanno bene e in questo modo ho la possibilità di osservare gli effetti delle loro scelte. Chi sta bene non va dal medico, indipendentemente dalla scelta compiuta.

Negli anni ho accumulato una discreta casistica. Ho potuto constatare che uomini che mangiavano carne e sono poi passati a una dieta a base di vegetali hanno manifestato un calo della libido con una diminuzione degli ormoni maschili; tuttavia è anche successo il contrario, ovvero uomini che hanno ridotto la carne e aumentato i vegetali hanno visto scomparire una forma di ginecomastia e il calo della libido, per recuperare forma e desiderio sessuale. Molte donne vegetariane e vegane che sono arrivate da me per gonfiore addominale e cellulite si alimentavano con troppa verdura e con molto seitan e tofu per sopperire alla carenza proteica. Il seitan è un concentrato di glutine che negli intolleranti o nei celiaci crea non pochi disagi intestinali; il tofu, ricavato dalla soia, è OGM e contiene fitoestrogeni che peggiorano la ritenzione idrica e la cellulite. Altre persone, invece, si alimentavano praticamente tutti i giorni con affettati, notoriamente ricchi di sodio, nitriti (che sono cancerogeni) e pochissime verdure. Queste manifestavano colite, ritenzione idrica, costipazione e malessere generale. Queste informazioni potrebbero confondere chiunque: cosa bisogna mangiare per stare bene? Proprio per questo ritengo si debba valutare la singola persona, la sua risposta al cibo, soprattutto comprendere da dove proviene quest'ultimo e come è stato trattato.

Io non mangio moltissima carne perché nella mia zona non ho trovato un posto di fiducia dove rifornirmi. Prediligo il pesce, che spesso acquisto congelato stando ben attenta alla provenienza; per il pesce fresco preferisco orientarmi sui pesci piccoli che sono meno inquinati.

Omelette con jalapeño, asparagi e crema di avocado

E D P

Per 2 persone:

* 4 uova biologiche + 2 albumi
* 1 rametto di rosmarino
* 1 jalapeño
* 1 mazzetto di asparagi teneri
* 1 avocado pelato
* succo di 1 limone
* ½ cucchiaino di sale rosa

Lo jalapeño è un peperoncino di origine messicana che non ha una grande piccantezza, vanta però un aroma simile per certi versi a quello del peperone, che può essere un ottimo sostituto per questa ricetta.

Preparazione

In una ciotola sbattere le uova e gli albumi con metà del sale. Aggiungere lo jalapeño lavato, asciugato e tagliato a rondelle e il rosmarino. Amalgamare e cuocere in una padella antiaderente di circa 24 cm di diametro. Lavare gli asparagi e asciugarli (togliere la parte più dura). Pressare con una forchetta l'avocado, salarlo, aggiungere il succo di limone e amalgamare. Servire l'omelette con gli asparagi e la crema di avocado.

Insalata di tonno e lattughino

E D P

Per 2 persone:

* 250-300 g di tonno all'olio d'oliva sgocciolato
* 2 manciate di lattughino
* 2 manciate di fiocchi d'avena senza glutine
* 1 cucchiaino di peperoncino macinato
* 1 cucchiaio di semi di zucca non tostati e non salati
* 2-3 filetti di peperoni in agrodolce (opzionali)

Il tonno in scatola o in barattolo di vetro all'olio extravergine d'oliva (il mio preferito) consente di preparare un pranzo o una cena in modo veloce. Spesso è anche l'alimento che molte persone, per comodità, scelgono di portare al lavoro, perché ad aprire una scatoletta di tonno ci vuole meno tempo che dire "apro una scatoletta di tonno". Il fatto è che il tonno da solo spesso può annoiare il palato: è proprio ciò che dicono tutte le persone che hanno vissuto un regime dietetico privativo. Lo comprendo perfettamente. Però, aguzzando l'ingegno, il tonno può diventare la base su cui costruire un pranzo o una cena di tutto rispetto.

Preparazione

Asciugare il tonno con della carta da cucina e romperlo con la forchetta in tanti piccoli pezzi. Lavare il lattughino. Unire tutti gli ingredienti in una ciotola e gustare.

Nota: *i semi di zucca sono utilissimi per gli uomini perché aiutano a contrastare l'ipertrofia prostatica. Assumerne un cucchiaio al giorno può aiutare a fare prevenzione.*

Persico al cartoccio con erbette e limone

E D P

Per 2 persone:

* 500 g di filetto di persico fresco
* 2 limoni biologici
* ½ cucchiaino di sale
* 1 cucchiaino di peperoncino macinato
* 1 cucchiaino di timo secco
* 1 cucchiaino di origano secco
* 1 cucchiaino di prezzemolo secco
* 2 cucchiai di olio extravergine d'oliva

Il pesce fresco si cucina molto velocemente: si può infornare con gli aromi e, tempo una doccia, è pronto. Si può servire con la verdura cruda o cotta e generalmente, se ben aromatizzato, piace anche ai palati più difficili.

Preparazione

In una ciotolina unire tutti gli aromi, il sale, l'olio e mescolare. Tagliare i limoni, spremerne il succo e aggiungerlo agli aromi. Tagliare il limone a rondelle. Posizionare il pesce sulla carta forno, cospargerlo da ambo i lati con la salsa e adagiarvi sopra le rondelle di limone. Chiudere la carta forno per formare un cartoccio, adagiare in una teglia e cuocere a 180 °C per 20 minuti. Sfornare, aprire il cartoccio e servire.

Uova in camicia con cetrioli, asparagi, melone e cranberry

E D P

Per 2 persone:

* 4 uova biologiche
* ½ melone di media grandezza
* 1 cetriolo grande
* 2 cucchiai di cranberry
* 2 cucchiai di peperoncino al limone (pag. 182)
* 4-5 asparagi teneri
* 2 pizzichi di sale rosa

Che gli asparagi fossero buoni anche crudi l'ho scoperto da poco; certo devono essere piccoli e teneri. Questa ricetta tipicamente primaverile è un tripudio di colori e salute ma può essere riprodotta anche in inverno sostituendo i vegetali.

Preparazione

Portare a bollore l'acqua in una padella di piccole dimensioni, sgusciarvi le uova e lasciar cuocere coperte per circa 3 minuti. Nel frattempo lavare il cetriolo e tagliarlo, con o senza buccia. Pulire il melone e dividerlo in piccoli pezzi aiutandosi con un cucchiaino. Lavare gli asparagi. Prelevare le uova con una schiumarola e adagiarle nei piatti. Guarnire con i cetrioli, gli asparagi, il melone e i cranberry; condire con il peperoncino al limone e il sale.

Nota: *i cranberry, o mirtilli rossi americani, sono utilissimi per disinfettare e tenere in salute le vie urinarie, sia nella prevenzione sia nella cura delle cistiti.*

Petto di tacchino alla mela e arancio

E D P

Per 2 persone:

* 250 g di petto o fesa di tacchino biologico (a fette)
* 1 mela rossa
* succo di 1 arancio + 1 arancio per guarnire
* 2 cucchiai di olio extravergine d'oliva
* 1 pizzico di sale rosa
* 1 pizzico di pepe

Preferisco di gran lunga le arance italiane. Quando al mercato trovo quelle provenienti da altri paesi, mi dispiace per i venditori, ma non le acquisto. L'Italia del Sud vive anche dell'economia ortofrutticola e gli agrumi sono un patrimonio nazionale. Le arance siciliane sono insuperabili e non vedo perché i coltivatori debbano essere costretti a mandare al macero la propria frutta per consentire ai paesi esteri di importarla.

Preparazione

Scaldare l'olio in una padella antiaderente e aggiungere la mela lavata e tagliata a julienne. Far appassire per circa 1 minuto. Posizionare il petto di tacchino nella padella e cospargerlo con il succo d'arancia. Aggiungere il sale e il pepe. Cuocere circa 3 minuti per lato. Impiattare e guarnire con la mela di cottura e le rotelle di arancio.

Salmone al vapore con avocado e rughetta

E D P

Per 2 persone:

* 2 tranci di salmone congelato
* 1 manciata di rughetta
* 1 avocado
* 1 cucchiaino di peperoncino tritato
* 1 cucchiaio di olio extravergine d'oliva
* succo e scorza di 1 limone
* 1 pizzico di sale rosa

Quando acquisto il salmone selvatico congelato, mi piace cucinarlo nella vaporiera elettrica che fa tutto da sola. In questo modo ho almeno 15 minuti tutti per me e anziché stare ai fornelli posso fare altro.

Preparazione

Cuocere il salmone con la vaporiera (a seconda del modello, occorreranno dai 15 ai 20 minuti se il salmone è congelato, la metà se scongelato). Lavare la rughetta. Pelare e tagliare l'avocado. Grattare la scorza del limone e spremerne il succo. Servire il salmone con la rughetta, l'avocado cosparso di peperoncino, la scorza e il succo del limone, il sale e l'olio.

Polpette di tacchino alla crema di carota e anacardi

E D P

Per 2 persone:

* 250-280 g di macinato di tacchino magro biologico
* 3 carote
* succo di 1 limone
* 50 g di anacardi messi in ammollo per 30 minuti
* 1 cipolla bianca
* 1 pizzico di sale
* 1 pizzico di pepe
* ½ cucchiaino di peperoncino
* ½ cucchiaino di paprica affumicata
* 2 cucchiai di olio extravergine d'oliva

Le polpette di carne si preparano molto velocemente e possono essere arricchite con i vegetali, gli ortaggi e le spezie.

Preparazione

In una ciotola impastare il macinato con le spezie, il sale e la cipolla tritata finemente. Formare le polpette. Scaldare 1 cucchiaio d'olio in una padella antiaderente e cuocere le polpette su ambo i lati (ci vorranno circa 7 minuti). Nel frattempo lavare e pelare le carote, tagliarle a pezzetti e frullarle con gli anacardi e il succo di limone fino a ottenere una consistenza cremosa. Poggiare le polpette cotte sulla carta assorbente, asciugarle e servirle con la crema di carote e anacardi.

Cuori di nasello al pepe e verdure

E D P

Per 2 persone:

* 400 g di nasello congelato
* 1 zucchina
* 10 pomodori pachino
* 1 cucchiaio di timo secco
* 1 cucchiaino di peperoncino
* 1 cucchiaino di grani di pepe nero
* succo di 1 limone
* ½ cucchiaino di sale integrale
* 2 cucchiai di olio extravergine d'oliva

Acquisto il nasello congelato e ne ho sempre una confezione nel freezer, perché trovo utile prepararlo al forno mentre mi occupo di altre cose. Inoltre questa ricetta si può preparare per tempo perché è buona anche fredda.

Preparazione

Mettere il nasello in una teglia, circondarlo con la zucchina lavata e tagliata a rondelle e con i pomodori lavati e tagliati a metà. Cospargere con il timo, il peperoncino, il pepe, il sale, l'olio e il succo di limone. Infornare a 200 °C per 25-30 minuti, o meno se il nasello è scongelato.

Salmone al vapore con carote viola, cetrioli, salsa al prezzemolo e anacardi

E D P

Per 2 persone:

* 2 tranci di salmone fresco o congelato
* 3 carote viola
* 1 cetriolo grande o 2 piccoli
* 2 cucchiai di olio extravergine d'oliva
* 1 pizzico di sale rosa
* 2 cucchiai di salsa al prezzemolo e anacardi

PER LA SALSA AL PREZZEMOLO E ANACARDI:

* 100 g di anacardi messi in ammollo per 30 minuti
* 1 mazzetto di prezzemolo fresco
* succo di ½ limone
* 1 pizzico di sale

Gli anacardi sono estremamente versatili, buoni da soli da smangiucchiare come snack o trasformati in una crema soffice aromatizzata. Con il prezzemolo sono deliziosi.

Preparazione

Cuocere il salmone con la vaporiera (a seconda del modello, occorreranno dai 15 ai 20 minuti se il salmone è congelato, la metà se scongelato). Nel frattempo lavare, pelare e tagliare le carote a dadini. Lavare e tagliare con o senza buccia il cetriolo. Condire le verdure con l'olio e il sale. Servire il salmone con le verdure e la salsa.

Per la salsa al prezzemolo e anacardi: frullare gli anacardi con il limone e il sale sino a ottenere un composto liscio e omogeneo. Lavare e sminuzzare il prezzemolo, aggiungerlo agli anacardi frullati e amalgamare con un cucchiaio. Utilizzare nell'immediato o conservare in frigorifero in un barattolo ben chiuso per 2-3 giorni.

Omelette al prezzemolo

E D P

Per 2 persone:

* 4 uova e 4 albumi
* 1 mazzetto di prezzemolo
* 1 pizzico di sale integrale
* 1 cucchiaio di olio extravergine d'oliva
* 2 cucchiai d'acqua
* 1 cucchiaio di veg-cheese (pag. 129)
* 1 cucchiaio d'acqua
* 1 cetriolo
* 1 cestino di fragole biologiche o altra frutta

Il prezzemolo fresco è un alleato perfetto delle uova ma soprattutto della salute. È ricco di vitamina K, C e A, acido folico ecc., ha un buon effetto diuretico e leggermente lassativo e riduce l'alitosi. Proprio per quest'ultima proprietà può essere utile associarlo all'aglio che invece la procura.

Preparazione

Tagliare finemente il prezzemolo. Rompere 4 uova e metterle in una ciotola. Rompere le altre 4 e separare i tuorli dagli albumi; aggiungere questi ultimi nella ciotola insieme al sale, al prezzemolo e a 2 cucchiai d'acqua. Sbattere il tutto con una forchetta per circa 30 secondi. Scaldare l'olio in una padella antiaderente di 20 cm di diametro. Versarvi una parte delle uova e cuocere da ambo i lati per circa 2 minuti. Proseguire fino a terminare tutte le uova. Nel frattempo, unire il veg-cheese e l'acqua in un bicchiere e amalgamare fino a rendere fluida la crema. Lavare e tagliare il cetriolo e lavare le fragole. Servire le omelette con il veg-cheese, i cetrioli e le fragole. Sostituire le fragole con altra frutta, se si è allergici.

***Nota:** l'infuso di prezzemolo è un ottimo tonico per la pelle; si prepara aggiungendo due cucchiai di prezzemolo fresco tritato in una tazza d'acqua calda. Dopo aver fatto riposare l'infuso per circa un'ora, si può filtrare e utilizzare sia da bere, per un effetto pro-bellezza dall'interno, sia come tonico sulla pelle. Il consumo del prezzemolo dovrebbe essere limitato durante la gravidanza perché stimola leggermente le contrazioni uterine.*

福

Dolci e snack

Ognuno di noi, prima o poi nella vita, sarà incappato in una dieta dimagrante restrittiva che prevedeva l'abolizione totale di tutto ciò che aveva un sapore dolce.

Questo è capitato per due motivi: 1. ci sono pregiudizi circa tutte le tipologie di dolci; 2. chi l'ha prescritta non conosce dolci sani che fanno bene alla salute e alla linea.

La dieta A.M.S. prevede, quotidianamente, se la persona lo desidera, l'assunzione dei dolci A.M.S., che sono belli da vedere, buoni da mangiare e soprattutto salutari.

Per stare in salute non bisogna rinunciare assolutamente al gusto. Privarsene indurrebbe uno stress nocivo, non salutare, che nessuno sarebbe in grado di gestire per sempre. Ecco perché le diete sbilanciate e privative non possono essere protratte a lungo; chiunque, infatti, resiste per poco tempo e torna alle abitudini alimentari che lo avevano fatto ingrassare, ammalare, invecchiare ecc.

La vita talvolta è "amara" e un dolce ben fatto, oltre a tirar su il morale perché fa innalzare i livelli di serotonina (il neurotrasmettitore della felicità), facilita il dimagrimento, il mantenimento del peso corporeo, l'assorbimento di sostanze antiossidanti, di fibre ecc.

Sicuramente non ci si deve aspettare torte di alta pasticceria cariche di panna e di zucchero: quelle le lasciamo appunto agli esperti del settore; tuttavia ci si può deliziare con dolci di tutto rispetto, che faranno la loro figura sia per l'aspetto sia per il gusto e che potranno far parte del piano alimentare giornaliero.

I miei dolci preferiti, da mangiare anche come snack in un momento di pausa, sono i tartufini al cacao e mandorle, la raw cheesecake, il crumble di mirtilli (che mangio spesso anche a colazione), la ciambella all'arancia (è una ricetta di mia nonna ed è buonissima come lei), il brownie alle noci e le barrette al limone che tengo quasi sempre nella borsa.

Vivere in un regime dietetico privativo per tutta la vita non è affatto salutare. Ritengo invece che soddisfacendo tutti i sensi di cui la natura ci ha dotati e gratificando il gusto in modo sano si possa vivere più felici e in armonia con se stessi.

Un dolce con un corretto indice glicemico, ricco di fibre, vitamine e minerali, senza glutine e senza zucchero ma comunque buono, che lascia apprezzare il sapore naturale degli ingredienti, è un dolce che ci può accompagnare giornalmente senza sensi di colpa e senza sacrifici stressanti.

"Time to feel good" significa anche questo: capire cosa fare per se stessi per sentirsi bene veramente, a partire dalla consapevolezza, dal cibo, dall'ottimizzazione del tempo libero, fino al raggiungimento degli obiettivi prefissati.

Tartufini al cacao e mandorle

V D E

Per 10 tartufini:

* 8 datteri
* 1 cucchiaio di farina di cocco
* 1 cucchiaino di olio di cocco
* 1 cucchiaio di burro di mandorle (pag. 306)
* 1 cucchiaio di cacao (crudo o tostato)
* 10-15 mandorle

Un dolce non si nega a nessuno, ma quando avrai assaggiato questi tartufini ti troverai di fronte a un dilemma: condividerli o tenerli tutti per te... perché sono veramente strepitosi!
Sono ottimi come snack, soprattutto prima e dopo l'attività fisica, ma anche come merenda per i bambini.

Preparazione

In un robot da cucina frullare i datteri denocciolati, la farina di cocco, l'olio di cocco, il cacao e il burro di mandorle fino a ottenere una palla. Avvolgerla nella pellicola trasparente e metterla nel freezer per 5 minuti o nel frigorifero per 20.
Nel frattempo tagliare al coltello le mandorle.
Lavorare il composto e dividerlo in 10 pezzi con i quali formare delle palline e rotolarle sulle mandorle tritate.
Conservare in frigorifero fino a 5 giorni.

Barrette al limone

V D E

Per 5 barrette grandi o 8 medie:

* 150 g di mandorle o di anacardi
* 15 fichi secchi o datteri
* 50 g di farina di cocco
* 60 ml di succo di limone
* scorza di 1 limone

Una barretta golosa nella borsa o nello zaino è proprio quello che ci vuole per fare uno spuntino o come sostituto di un pasto, magari raddoppiando la porzione. Le barrette in commercio sono sicuramente appetibili, dolci e invitanti, ma spesso sono ricche di edulcoranti e ingredienti poco sani e non bilanciati fra loro. Poter contare su una barretta fatta in casa, con ingredienti genuini e variabili in base al gusto, è veramente una gran cosa. Che si scelga di fare le barrette con le mandorle o con gli anacardi, oppure con i fichi o con i datteri, si può contare su uno snack nutriente e salutare.

Preparazione

Frullare le mandorle per 20 secondi e metterle da parte. Frullare i fichi con la farina di cocco e il succo e la scorza del limone sino a ottenere una consistenza pastosa. Aggiungere il composto alle mandorle frullate e amalgamare. Mettere la carta da forno in una piccola teglia (per esempio 12×18 cm) e pressarvi il composto fino a uno spessore di 1,5-2 cm. Far riposare in frigorifero per un'ora e tagliare. Si conservano in frigorifero sino a due settimane, a temperatura ambiente per 24 ore.

Crema o burro di mandorle

V D E

Per 2 bicchieri:

* 500 g di mandorle, con la buccia o pelate
* 1 pizzico di sale rosa o integrale

Incurante del galateo, ogni volta che preparo il burro di mandorle non posso fare a meno di passare il dito nel frullatore per raccoglierne l'avanzo sulle pareti: è troppo buono! È da poco tempo che lo preparo in casa, perché ero solita acquistarlo già pronto. Sicuramente è più comodo ma è anche molto costoso e onestamente non penso proprio che sia necessario spendere più del dovuto per mangiare bene e di gusto. Ho scoperto che al mercato la frutta oleosa viene venduta a peso, quindi ho iniziato ad approvvigionarmene senza acquistare i sacchetti minuscoli che trovavo al supermercato. Il passo successivo è stato fare il burro di mandorle con solo due ingredienti.

Preparazione

Mettere le mandorle su una teglia ricoperta di carta da forno. Tostarle in forno per 15 minuti a 120 °C, poi metterle in un robot da cucina di adeguata potenza (io utilizzo un robot da 750 watt) e aggiungere il sale. Frullare a più riprese, anche per non surriscaldare il motore del robot, scostando via via le mandorle dai bordi. Il tutto diventerà dapprima granuloso, poi farinoso, poi pastoso e infine cremoso. Il mio frullatore impiega circa 15 minuti per dar vita al burro. Un frullatore meno potente avrà bisogno di più tempo; uno con maggiore potenza probabilmente se la caverà con una decina di minuti. Bisogna solo avere un po' di pazienza per essere ripagati da un burro cremoso e delizioso da utilizzare tal quale sul pane, nei frullati, nei dolci ecc.

Datteri

Sciroppo di datteri

I datteri secchi sono uno snack delizioso e dolce. Si può sfruttare questa loro peculiarità per creare uno sciroppo denso con cui sostituire lo zucchero nella preparazione di dolci e biscotti, nonché per dolcificare le bevande.

V E

Per 500 ml:

* 20 datteri denocciolati
* 350 ml di acqua filtrata

Mettere in ammollo i datteri nell'acqua per circa 4 ore. Scolarli e frullarli.
Si otterrà così uno sciroppo cremoso che potrà essere utilizzato nell'immediato o conservato in frigorifero per 3-4 giorni.

Pasta di datteri

La pasta di datteri è una vera leccornia che in cucina cambierà il modo di realizzare i dolci. È facile da preparare e ha un alto potere dolcificante.

V E

Per 200 g:

* 200 g di datteri denocciolati

Frullare i datteri fino a ottenere un composto pastoso ma liscio. Può essere utilizzato per preparare qualsiasi dolce o per dolcificare una bevanda. Si conserva per mesi a temperatura ambiente d'inverno e in frigorifero d'estate.

Brownie alle noci

E D

Per una teglia 20×20 cm:

* 100 g di cioccolata fondente con più del 70% di cacao
* 50 ml di olio extravergine d'oliva
* 100 g di miele o di sciroppo d'acero
* 2 uova
* 2 cucchiai di cacao amaro (crudo o tostato)
* 2 cucchiaini di lievito per dolci
* 50 g di farina di mandorle (o mandorle da frullare)
* 2 cucchiai di noci sgusciate

Io amo questa torta al cioccolato, morbida ma anche croccante, dolce al punto giusto e ideale per un momento di "coccole", magari in un pomeriggio uggioso, o per un turbo di energia pre e post allenamento. Piace sia ai grandi sia ai bambini ed è anche divertente prepararla con i propri piccoli.

Preparazione

Accendere il forno a 180 °C ventilato o 200 °C statico. Tagliare grossolanamente il cioccolato e scioglierlo a bagnomaria facendo attenzione che la ciotola non tocchi l'acqua in ebollizione. Togliere dal fuoco, aggiungere l'olio e mescolare; poi aggiungere il miele e le uova e mescolare; infine aggiungere il cacao, la farina di mandorle e il lievito e amalgamare. Tagliare al coltello le noci.
Versare il composto nella teglia ricoperta di carta da forno. Ricoprire con le noci sbriciolate.
Infornare e cuocere per 30 minuti. Sfornare, lasciar raffreddare e servire.

Biscotti alla mela, carota e batata con smoothie

V D E

Per una teglia di biscotti:

* 1 tazza e ½ di purea di batata cotta al forno
* 1 tazza di farina di mandorle
* 1 cucchiaino di cannella
* ½ cucchiaino di noce moscata
* 40 g di sciroppo d'acero o di datteri (pag. 308)
* 50 ml di smoothie (carota viola o arancione, zenzero e mela)
* + 15-30 g di farina di riso se l'impasto è troppo morbido

Fare i biscotti in casa, soprattutto se ci si cimenta per le prime volte, potrebbe preoccupare. È da poco tempo che li preparo perché pensavo, seguendo le ricette tradizionali, di dover sporcare mezza cucina per ottenere solo qualche biscotto pieno di grassi e di zucchero. Mi sbagliavo. Da quando ho iniziato con una visione salutare, ho scoperto che in pochissimi minuti posso ottenere tante prelibatezze sane e gustose.

Preparazione

Unire tutti gli ingredienti e amalgamare. Accendere il forno a 180 °C ventilato. Con un cucchiaio dare forma ai biscotti e posizionarli su una teglia coperta di carta da forno. Cuocere per 25 minuti. I biscotti risulteranno morbidi. Servire con lo smoothie d'avanzo.

Biscotti all'uvetta e datteri

E D P

Per 12 biscotti:

* 100 g di fiocchi d'avena senza glutine
* 2 uova
* 1 pizzico di sale
* 30 ml di olio extravergine d'oliva
* 1 cucchiaino di lievito per dolci
* ½ cucchiaino di semi di vaniglia
* 2 cucchiai di pasta d'uvetta
* circa 100 ml d'acqua filtrata
* 1 cucchiaio di pasta di datteri (pag. 308)

PER LA PASTA D'UVETTA:

* 100 g di uvetta

Che buoni! Quando ne ho portato un sacchetto alla mia amica Dyana mi ha detto: "Doc! Ma con cosa hai fatto questi biscotti? Li ho spazzolati in un secondo!".
Lei è una buona forchetta ma è anche estremamente onesta e critica nel giudicare i miei esperimenti culinari; infatti, quando cucino le ricette per i miei libri, è uno degli assaggiatori ufficiali.
Questi biscotti sono molto semplici, realizzati con ingredienti inusuali e proprio per questo forse sono sorprendenti.

Preparazione

Frullare i fiocchi d'avena e metterli in una ciotola. Aggiungere tutti gli ingredienti secchi e mescolare; aggiungere gli ingredienti umidi e amalgamare. Prelevare il composto con un cucchiaio e depositarlo a uno a uno su una teglia unta o coperta di carta da forno. Mettere un foglio di carta da forno sui biscotti (perché il composto risulta un po' appiccicoso) e pressare con le mani. Togliere il foglio e infornare per 15-20 minuti.

Per la pasta d'uvetta:
frullare l'uvetta sino a quando diventa pastosa, basteranno un paio di minuti. Conservare a temperatura ambiente sino a 6 mesi in un barattolo di vetro ben chiuso.
Si può utilizzare sia per dolcificare le bevande sia nella preparazione dei dolci.

Ciambella all'arancia

E D P

Per uno stampo da 20-24 cm:

* 300 g di farina di riso integrale + 1 cucchiaio per infarinare
* 3 uova + 4 albumi
* 1 pizzico di sale
* 80 ml di olio extravergine d'oliva
* 80 g di sciroppo d'acero (o sciroppo di datteri, pag. 308)
* 1 bustina di lievito per dolci
* succo di 2 arance
* scorza di 2 arance
* 100 ml di acqua filtrata (se occorre)

Se penso alle merende della mia infanzia, non posso non rammentare la dolcezza di mia nonna che con pochi ingredienti presi dalla dispensa dava magicamente forma ai dolci più buoni che abbia mai mangiato. Dolci che sapevano d'olio d'oliva, vaniglia, cacao e amore, amore di chi nutre i propri cuccioli con quello che ha e con ciò che sa. Questa ciambella è la mia versione di quella di mia nonna. Oggi, spesso, preparare la merenda per i bambini è molto più semplice e veloce: basta aprire una confezione. La maggior parte degli alimenti confezionati destinati all'infanzia, ma anche agli adulti, sono ricchi di zucchero, burro, lattosio, grassi vegetali idrogenati, olio di palma, coloranti, conservanti ecc., ingredienti che sono apportatori di malessere, un malessere silente che sfocerà prima o poi in malattia.
Preparare i dolci in casa in pochissimi minuti farà sì che ci si possa nutrire in modo consapevole, genuino e con gusto, salvaguardando la salute e il portafoglio.

Preparazione

Accendere il forno a 180 °C ventilato. Ungere e infarinare lo stampo per ciambella. Separare i tuorli dagli albumi. Montare gli albumi a neve ferma con il sale utilizzando la frusta elettrica o la planetaria e mettere da parte.
In una ciotola, montare per qualche minuto i tuorli con lo sciroppo d'acero (o di datteri), fino a renderli gonfi e spumosi. Aggiungere la scorza e il succo delle due arance, la farina e il lievito setacciati e mescolare. Aggiungere gli albumi poco alla volta, mescolando dall'esterno verso l'interno e dal basso verso l'alto. Se l'impasto dovesse essere troppo denso (dipende da quanto liquido assorbe la farina), aggiungere via via acqua. Versare nello stampo e infornare per 35 minuti. Controllare la cottura con uno stecchino di legno. Sfornare, far raffreddare e servire.

OPINEL
INOX

Veg-nutella: crema di nocciole e cacao

V D P E

Per un vasetto da 300 ml:

* 200 g di nocciole sgusciate
* 10 datteri denocciolati
* 70 ml di sciroppo d'acero
* 30 g di burro di cacao (sostituire con burro di mandorle se non reperibile)
* 4 cucchiai di cacao crudo o tostato
* 20 ml di olio di riso (opzionale)

Non può mancare in nessuna dispensa la veg-nutella, una crema di nocciole e cacao, liscia o granulosa a seconda del gusto personale, da spalmare su una fetta di pane, tra gli strati di un dolce o da mangiare al cucchiaio.
È sana, deliziosa e facilissima da preparare.

Preparazione

Accendere il forno a 110 °C e tostare le nocciole per 10-15 minuti; farle raffreddare qualche minuto prima di pelarle. Sciogliere a bagnomaria il burro di cacao. Frullare i datteri, aggiungere nel frullatore le nocciole, lo sciroppo d'acero, il burro di cacao fuso e il cacao. Frullare sino a raggiungere la consistenza desiderata; aggiungere eventualmente l'olio di riso per aumentare la fluidità. Conservare in un barattolo di vetro ben chiuso al massimo per 4 settimane.

Coconut macaron

E D P

Per 15 coconut macaron:

* 2 albumi
* 1 pizzico di sale rosa o integrale
* 1 tazza di farina di cocco
* scorza di 1 arancio
* 1 cucchiaino di aroma naturale di vaniglia o ½ cucchiaino di semi di vaniglia
* 2 cucchiaini di miele
* 50 g di cioccolato fondente

Vuoi stupire gli amici, avere uno snack delizioso a portata di bocca, preparare un dolcetto per ospiti inaspettati e non farti mancare nulla di sfizioso? Questi macaron sono perfetti!

Preparazione

Accendere il forno a 180 °C ventilato. Montare gli albumi con il sale per un paio di minuti. Aggiungere il miele, metà della scorza d'arancio, l'aroma di vaniglia e mescolare. Aggiungere la farina e amalgamare. Impastare con le mani e dare forma ai macaron. Mettere la carta da forno su una leccarda. Disporre i macaron e infornare per 12-14 minuti. Nel frattempo sciogliere a bagnomaria il cioccolato e aggiungervi la restante scorza d'arancio. Sfornare i macaron e, con l'aiuto di una siringa o di un cucchiaino, decorare con il cioccolato fuso.

Crostata di pere al miele e cannella

V D E

Per uno stampo da 24 cm:

PER LA BASE:

* 300 g di farina di riso integrale
* 50 g di burro di mandorle (pag. 306)
* 100 g di miele di tiglio (o altro tipo di miele o sciroppo d'acero se vegani)
* 1 uovo (o 1 cucchiaio di semi di chia in ammollo per 30 minuti in 100 ml d'acqua se vegani)
* 1 cucchiaino di lievito per dolci
* 1 pizzico di sale
* scorza di 1 limone

PER IL RIPIENO:

* 2 pere (o altra frutta)
* 1 cucchiaio di farina di riso integrale
* 1 cucchiaio di miele al tiglio (o di altro tipo o sciroppo d'acero)
* succo di 1 limone
* 1 cucchiaio raso di cannella

Ho sempre pensato ci volesse molto tempo e un'abilità collaudata per preparare le crostate affinché la pasta frolla non risulti troppo gommosa, troppo friabile, troppo dura, soprattutto utilizzando farine senza glutine. Lo pensavo a ragion veduta, perché le prime volte che ci si cimenta nella preparazione di crostate senza glutine, senza burro e senza zucchero, l'impresa può risultare davvero ardua. Ebbene, dopo tanti tentativi non sempre andati a buon fine, sono arrivata alla frolla che mi soddisfa e ne condivido la ricetta molto volentieri. È semplice e veloce da realizzare.

Preparazione

Per preparare la base: in una ciotola unire la farina e il burro, quindi amalgamare, aggiungere i restanti ingredienti e impastare sino a formare una palla liscia. Avvolgerla nella pellicola trasparente e lasciar riposare in frigorifero per 30 minuti. Nel frattempo tagliare le pere a cubetti, infarinarli e condirli con miele e succo di limone. Accendere il forno a 180 °C.
Tirare fuori la pasta dal frigorifero; rimossa la pellicola, batterla 2-3 volte con un mattarello. Prelevarne $^2/_3$ e stenderla su una spianatoia infarinata, poi posizionarla nella teglia ricoperta di carta da forno o imburrata (con il burro di mandorle) facendola aderire bene ai bordi. Praticare dei fori con i rebbi di una forchetta. Riempire con le pere. Stendere la pasta restante. Creare delle strisce larghe circa 1 cm con una rotella per ravioli e posizionarle sopra le pere.
Infornare per 45-50 minuti. Sfornare e far raffreddare. Ottima a colazione e strepitosa a merenda. Se preparata insieme ai bambini è sicuramente più buona!

Crumble di mirtilli e fiocchi d'avena

V D E

Per una teglia da 18-20 cm:

* 2 tazze di mirtilli
* 100-120 g di fiocchi d'avena senza glutine
* 1 cucchiaio di burro di mandorle (pag. 306)
* 2 cucchiai di sciroppo d'acero o di datteri (pag. 308)
* 1 cucchiaio di olio di cocco o extravergine d'oliva
* 1 cucchiaino di semi di vaniglia
* succo di ½ limone

Quando riesco a trovare i mirtilli freschi, biologici e di sicura provenienza, ne prendo sempre qualche cestino. Ma come tutti i frutti di bosco, i mirtilli non trattati chimicamente hanno una breve durata. Per non sprecarli li utilizzo nei frullati e nei dolci, li congelo o preparo questo delizioso crumble che profuma di buono e sano: ideale per una colazione domenicale quando c'è più tempo per indugiare.

Preparazione

Accendere il forno a 200 °C statico o 180 °C ventilato. Lavare, asciugare e condire i mirtilli con il limone, 1 cucchiaio di sciroppo d'acero e i semi di vaniglia. Mettere i mirtilli in una teglia. In una ciotola, mescolare con le mani i fiocchi d'avena, l'olio di cocco e il burro, aggiungere 1 cucchiaio di sciroppo d'acero e mescolare nuovamente. Versare il tutto sui mirtilli, ricoprendoli in modo uniforme. Infornare per 20-25 minuti. Sfornare e consumare caldo-tiepido.

Torta cioccolatosa

E D P

Per uno stampo da 20-24 cm:

PER IL PAN DI SPAGNA AL CACAO:

* 4 uova biologiche a temperatura ambiente
* 100 g di sciroppo di datteri (pag. 308)
* 40 g di miele d'arancio (o di altro tipo)
* 120 g di farina di riso
* 40 g di cacao amaro
* 1 bustina di lievito per dolci
* 1 cucchiaino di semi di vaniglia
* aroma naturale al cacao (opzionale)

PER LA CREMA AL CIOCCOLATO:

* 100 g di burro di mandorle (pag. 306)
* 2 tuorli
* 100 ml di acqua filtrata o di bottiglia
* 50 ml di sciroppo d'acero
* 100 g di cioccolata fondente

PER LA GUARNIZIONE E LA BAGNA:

* confettini colorati senza glutine
* 200 ml di succo di albicocche

Questa torta è stata realizzata per il compleanno di una persona veramente speciale. La condivido con molto piacere perché è stata apprezzata tantissimo.

Per il pan di spagna al cacao:
accendere il forno a 160 °C ventilato o 180 °C statico e mettere la carta da forno nella teglia. Separare gli albumi dai tuorli, montare gli albumi a neve ferma e tenere da parte. Montare i tuorli con lo sciroppo di datteri e il miele per circa 7 minuti; aggiungere i semi di vaniglia, l'aroma al cacao e mescolare. Incorporare gli albumi poco alla volta, mescolando dal basso verso l'alto e dall'esterno verso l'interno. Aggiungere la farina, il cacao e il lievito setacciati. Amalgamare, versare il composto nella teglia e infornare per 30-35 minuti. Sfornare, far raffreddare e tagliare nel numero di strati desiderati.

Per la crema al cioccolato:
tagliare la cioccolata e farla sciogliere a bagnomaria. Nel frattempo, in un pentolino su fuoco medio, mescolare con una frusta il burro di mandorle, i tuorli, l'acqua e lo sciroppo d'acero. Far intiepidire la cioccolata fusa e aggiungerla alla crema mescolando (se occorre aggiungere altra acqua). Utilizzare subito oppure conservare in frigorifero (per un massimo di 2 giorni) coprendo, a contatto, con la pellicola trasparente. Bagnare gli strati di torta con il succo e guarnirli con la crema al cioccolato. Aggiungere i confettini sulla superficie. Far riposare in frigorifero un paio d'ore prima di servire.

***Nota:** per una variante ancora più golosa preparare il veg-cheese al cacao, aggiungendo al veg-cheese sciroppo d'acero e cacao sino a raggiungere il sapore desiderato. Utilizzarlo fra uno strato e l'altro.*

Veg protein bars

V D P E

Per 10-12 barrette:

* 80 g di semi di zucca sgusciati non salati e non tostati
* 50 g di farina di cocco
* 100 g di proteine della canapa
* 80 g di semi di chia
* 10 datteri denocciolati
* 20 g di olio di cocco
* 30 g di burro di mandorle (pag. 306)
* 20 g di cacao amaro
* 20 g di fiocchi d'avena (opzionale)

Per chi desidera avere sempre a disposizione una fonte proteica di origine vegetale non deperibile, le *veg protein bars* possono essere una soluzione valida e anche gustosa.

Preparazione

Frullare gli ingredienti umidi. Aggiungere tutti gli ingredienti secchi. Versare il composto in una ciotola e impastare con le mani. Mettere la carta da forno in una teglia di medie dimensioni, quadrata o rettangolare. Pressare il composto nella teglia ottenendo uno spessore di circa 1,5 cm. Far riposare in frigorifero per 2 ore, quindi tagliare nelle dimensioni preferite. Le *veg protein bars* si conservano in frigorifero per 2 settimane e per 2-3 giorni a temperatura ambiente.

Nota: *le proteine della canapa possono essere sostituite con le proteine del riso, oppure si può utilizzare un mix delle due per un risultato ugualmente soddisfacente. Per una versione onnivora si possono utilizzare le proteine del siero del latte (whey protein).*

Granola bars

V D E

Per 12 barrette:

* 200 g di fiocchi d'avena senza glutine
* 200 g di datteri denocciolati
* 50 g di fichi (o aumentare i datteri)
* 75 g di uva sultanina o mirtilli
* 2 cucchiai di semi di zucca non salati e non tostati
* ½ cucchiaino di semi di vaniglia
* 1 pizzico di cannella
* 1 cucchiaio di sciroppo d'acero

Questo snack senza glutine è perfetto per apportare nutrienti in qualsiasi momento della giornata. Si può tenere comodamente nella borsa, in un contenitore o in un sacchetto di plastica, pronto per essere sgranocchiato all'occorrenza. È ricco di fibre e di antiossidanti e fornisce un pieno di energia sana, al contrario degli snack industriali ricchi di zucchero raffinato ed edulcoranti.

Preparazione

Accendere il forno a 150 °C.
Posizionare i fiocchi d'avena in una teglia ricoperta di carta da forno. Infornare per 20 minuti o fino a quando i fiocchi non diventano dorati. Di tanto in tanto, durante la cottura, girare i fiocchi.
Frullare i datteri, i fichi e lo sciroppo d'acero sino a ottenere un composto denso. Aggiungere i semi di zucca, l'uva sultanina, la vaniglia, la cannella e frullare per 30 secondi. Mettere il composto in una ciotola e aggiungere i fiocchi d'avena tostati. Amalgamare il tutto.
Pressare il composto in una teglia di adeguate dimensioni, ottenendo uno spessore di circa 1 cm.
Infornare per 15-20 minuti.
Rimuovere la granola dal forno e tagliare in 12 barrette.
Lasciar raffreddare. Conservare al riparo dalla luce e dal calore sino a 10 giorni.

Raw cookies

V D P E

Per 25-30 cookies:

* 50 g di semi di zucca non salati e non tostati
* 300 g di mandorle sgusciate
* 12 datteri denocciolati
* 1 cucchiaino di olio di cocco
* scorza di 1 limone

Adoro questi biscotti crudi; si preparano in cinque minuti, sono deliziosi, sani, sazianti e utilissimi come snack. Prepararli con i bambini è un gran divertimento perché si possono realizzare tante forme utilizzando gli stampini. Una volta provati, sarà molto più facile non cedere alla tentazione di acquistare i biscotti industriali.

Preparazione

Tostare le mandorle a 110 °C per 15 minuti. Frullare tutti gli ingredienti sino a ottenere un composto uniforme e compatto. Pressarlo in una teglia, rivestita con pellicola trasparente, sino a ottenere uno spessore di circa 0,5 cm. Ricoprire con la pellicola.
Far riposare in frigorifero per 30 minuti o in freezer per 10.
Tirare fuori e tagliare nelle forme desiderate.
Si conservano in frigorifero per 2 settimane, a temperatura ambiente per una.

Nota: *se vengono utilizzati stampini con forme irregolari che lasciano impasto d'avanzo, questo può essere rilavorato e poi pressato nuovamente per creare nuove forme.*

Raw cheesecake alla banana, cacao e fragole

V D P E

Per una teglia rotonda da 18-20 cm:

PER LA BASE:

* 100 g di farina di mandorle (oppure frullare le mandorle)
* ¼ di cucchiaino di sale rosa o integrale
* 75 g di datteri denocciolati
* ½ cucchiaio di scorza di limone

PER LA FARCITURA:

* 225 g di anacardi
* 1 cucchiaino di scorza di limone
* 50 ml di succo di limone
* 80 ml d'acqua
* 2 cucchiaini di semi di vaniglia
* 1 banana sbucciata
* 1 cucchiaio di cacao amaro
* 5-6 fragole biologiche (o altra frutta)

La cheesecake è probabilmente la torta più gettonata della bella stagione: è fatta con biscotti e formaggio spalmabile aromatizzato. Ma chi è intollerante o allergico al latte o al glutine ci deve rinunciare... Assolutamente no! Esistono tante varianti di cheesecake senza glutine e senza latte che sono veramente gustose e che soddisfano anche i più golosi. Questa è la mia cheesecake, e con gli avanzi degli ingredienti ho preparato le due ricette successive: i cremini alla banana (pag. 339) e i *raw almond snack* (pag. 337).

Per la base:
frullare tutti gli ingredienti fino a ottenere un impasto sodo. Pressarlo nella teglia a cerniera fino a ottenere uno spessore di circa 1 cm. Se ne avanza, tenerlo da parte per preparare i raw almond snack.

Per la farcitura:
mettere in ammollo gli anacardi per almeno 30 minuti. Frullare tutti gli ingredienti a eccezione delle fragole. Stendere il composto cremoso sulla base (se ne avanza, tenerlo da parte per i cremini alla banana) e far riposare la torta in frigorifero per almeno 2 ore o nel freezer per 30 minuti. Togliere la cerniera dalla tortiera, lavare le fragole e asciugarle. Spolverare il cacao sulla torta e adagiare le fragole.

Nota: *le fragole devono essere fresche e biologiche, altrimenti potrebbero contenere pesticidi, antibiotici ecc. Le fragole contengono salicilati e facilitano il rilascio di istamina, pertanto evitarle in caso di intolleranza o allergia e sostituirle con altra frutta fresca.*

Raw almond snack

V D P E

Per 20-25 snack (o meno se utilizzo un avanzo di pag. 334):

* 100 g di farina di mandorle (oppure mandorle da frullare)
* ¼ di cucchiaino di sale rosa o integrale
* 75 g di datteri denocciolati
* ½ cucchiaio di scorza di limone
* 2 cucchiaini di cacao amaro

Quando preparo questi snack, ne porto sempre con me al lavoro e li offro ai miei utenti.
Si conservano a temperatura ambiente per 4-5 giorni e in frigorifero anche per 2 settimane, ma in tutta onestà, devo ammettere che non arrivano mai a fine giornata perché sono troppo buoni. Li mangio di gusto e con la consapevolezza che fanno bene.

Preparazione

Frullare tutti gli ingredienti, eccetto il cacao, sino a formare un composto denso e un po' appiccicoso. Avvolgerlo nella pellicola trasparente e far riposare 30 minuti in frigorifero o 10 minuti nel freezer. Dividere il composto in 20-25 pezzi e creare delle palline con le mani. Spolverarle con il cacao utilizzando un colino, girandole per ricoprirle bene tutte.

***Nota:** il cacao contiene flavonoli, che hanno un effetto positivo sulle funzioni cognitive, migliorano la pressione arteriosa e riducono l'insulino-resistenza (che è quasi sempre associata al sovrappeso, all'obesità e al diabete mellito di tipo 2).*

Cremini alla banana

V D P E

Per 8-10 cremini (a seconda della grandezza dello stampo):

* 225 g di anacardi
* 1 cucchiaino di scorza di limone
* 50 ml di succo di limone
* 80 ml d'acqua
* 2 cucchiaini di semi di vaniglia
* 1 banana sbucciata (o altra frutta)

Nella stagione estiva, avere a disposizione nel freezer un gelato buono, sano e facile da preparare è quello che ci vuole. Se ne possono preparare mille versioni, soprattutto con la frutta fresca. Questi cremini sono nati da un avanzo della raw cheesecake ma sono stati approvati in famiglia e quindi preparati spesso, anche senza avanzi.

Preparazione

Mettere in ammollo gli anacardi per almeno 30 minuti.
Frullare tutti gli ingredienti e versare la crema negli stampi per gelati o nei bicchierini da caffè, in cui va inserito un bastoncino di legno o un cucchiaino.
Mettere gli stampi nel freezer per almeno 6 ore.
Tirare fuori dal freezer e aspettare qualche minuto prima di togliere il cremino dallo stampo.

Nota: *le banane mature, quelle con la buccia a macchie, contengono TNF-alfa, che favorisce le funzioni del sistema immunitario, e le vitamine A, C, B1, B2, PP, B6 e F; facilitano la guarigione delle ulcere gastriche e migliorano l'umore perché contengono serotonina e sostanze vasoattive.*
Le banane sono controindicate in caso di ansia perché contengono tiramina, un simpatico-mimetico indiretto che stimola il sistema nervoso.
Una curiosità: secondo uno studio brasiliano, la buccia delle banane essiccata e polverizzata sembra in grado di purificare l'acqua dai metalli pesanti (piombo e rame).

Crostatine rustiche

V D E

Per 6 crostatine:

* 200 g di fiocchi d'avena senza glutine
* 1 pizzico di sale rosa o integrale
* 1 cucchiaino di lievito per dolci
* 3 cucchiai d'uvetta o 1 cucchiaio di pasta d'uvetta
* 30 ml di olio extravergine d'oliva
* 30 ml di sciroppo d'acero

Con i fiocchi d'avena è possibile preparare velocissimamente delle crostate da farcire a piacere. Le mie preferite sono con la mousse al cacao (pag. 347), con la veg-nutella (pag. 318) o con il veg-cheese al cacao (pag. 347), con sopra i frutti di bosco. Per il veg-cheese al cacao basta aggiungere al veg-cheese lo sciroppo d'acero e il cacao nella quantità desiderata in base al proprio gusto.

Preparazione

Accendere il forno a 180 °C ventilato. Frullare i fiocchi d'avena e metterli in una ciotola. Aggiungere i restanti ingredienti e impastare con le mani sino a ottenere un impasto sodo. Dividerlo in sei parti e pressarne ognuna nello stampino per le crostatine (si può utilizzare uno stampo grande e preparare un'unica crostata). Bucherellare le basi con i rebbi di una forchetta. Infornare per 25-30 minuti. Sfornare, far raffreddare e guarnire.

Nota: *le basi già cotte possono essere conservate a temperatura ambiente sino a 7 giorni, oppure possono essere congelate e utilizzate all'occorrenza previo scongelamento in forno per qualche minuto.*

Gelati alla frutta

V D E

Per 2 gelati:

GELATO AL KIWI:
* 2-3 kiwi sbucciati
* succo di ½ limone
* 1 cucchiaio di sciroppo d'acero

GELATO ALL'ALBICOCCA:
* 4-5 albicocche mature
* 1 cucchiaio di burro di mandorle (pag. 306)
* 1 cucchiaio di sciroppo d'acero
* ½ cucchiaino di succo di limone

Quando arriva la bella stagione, piace praticamente a tutti fare una bella merenda con il gelato. È possibile prepararlo in casa senza avere necessariamente la gelatiera.
Soprattutto i bambini, se si offre loro del gelato "vero" alla frutta, possono imparare ad apprezzarla maggiormente. Si può utilizzare qualsiasi tipo di frutta e la si può aromatizzare in base al proprio gusto.

Preparazione

Frullare gli ingredienti. Mettere il liquido negli stampini per i gelati o nei bicchierini da caffè. Mettere un bastoncino di legno all'interno di ogni stampino. Riporre nel freezer per almeno 4 ore. Consumare quando si desidera.

Nota: *i bambini imparano a mangiare ciò che gli si propone con amore. Far loro vedere che è possibile creare dei gelati dalla frutta li farà entusiasmare e cominceranno a guardare la frutta con occhi diversi, ne sono certa.*

Pancake

E D P

Per 6 pancake:

* 100 g di farina di riso integrale
* 1 uovo e 2 albumi
* 1 pizzico di sale
* 1 cucchiaio di sciroppo d'acero o di miele
* ½ cucchiaino di polvere lievitante per dolci
* 1 cucchiaino di olio extravergine d'oliva o di cocco

I pancake sono buoni sia a colazione sia a merenda.
Si preparano molto rapidamente ma si possono anche conservare in frigorifero per 2-3 giorni, nonché congelare e utilizzare all'occorrenza.
Si possono farcire in tanti modi, in base a ciò che offre la dispensa o il frigorifero.
Per i pancake della foto ho utilizzato la mousse al cacao di pag. 347, con una spolverata di farina di cocco, la marmellata senza zucchero e la frutta fresca.

Preparazione

In una ciotola, sbattere l'uovo e i due albumi con un pizzico di sale; aggiungere la farina, l'acero, la polvere lievitante e amalgamare. Scaldare l'olio in una padella antiaderente; versarvi il composto in più riprese aiutandosi con un mestolo e ruotando la padella per distribuirlo uniformemente. Cuocere ogni lato per circa 1 minuto. Proseguire fino a terminare tutto il composto. Servire i pancake caldi con la guarnizione preferita.

Mousse al cacao

V D E

Per 1 ciotola media:

* 1 avocado maturo e pelato
* 20 anacardi messi in ammollo per 30 minuti
* 3 cucchiai di cacao amaro o crudo
* 3 cucchiai di sciroppo d'acero
* 1 cucchiaino di semi di vaniglia
* 1 banana (facoltativa)

Che sia estate o che sia inverno, una mousse al cioccolato è sempre ben accetta! Arricchirla di superalimenti come l'avocado e il cacao la rende ancora più appetibile, desiderabile e salutare.

Preparazione

Frullare tutti gli ingredienti sino a ottenere un composto liscio e lucido. Guarnire con frutta fresca oppure utilizzarla per farcire torte, pancake o gelati.

Nota: *la mousse al cacao è ottima e sana anche a colazione, spalmata sul pane rustico proteico o sui pancake.*

Consigli utili per mangiare fuori casa

Quando si è abituati a mangiare bene o si sta seguendo, seppur per un breve periodo, una dieta che limita il consumo di cibi non sani, nel mangiare fuori casa si potrebbe incontrare qualche difficoltà, con non poco stress: si viene giudicati dagli altri e ci si ritrova a dover giustificare le proprie scelte; non si trova ciò che si vorrebbe mangiare.

Questa è una piccola guida per destreggiarsi quando si consumano i pasti fuori casa.

AL RISTORANTE PER LAVORO O PER PIACERE

Mangiare al ristorante dovrebbe essere rilassante e non stressante. Il modo migliore per vivere questa esperienza serenamente è, quando possibile, cercare ristoranti che utilizzino ingredienti freschi e genuini, possibilmente a chilometro zero e biologici; puoi anche informarti circa i luoghi dove sono previste portate senza glutine. Se non si può o non si vuol tenere conto di mangiare sano, il giorno successivo seguire il menù di una giornata della terza settimana Re-Start. Considerare il pasto al ristorante come rientrante nella regola 70:30.

Prima: non arrivare affamato al ristorante: fare gli spuntini previsti, sia di mattina sia di pomeriggio, e ricordarsi di bere il giusto durante la giornata. Arrivare disidratati al ristorante farà bere molto di più durante il pasto, sia acqua sia vino, rallentando e appesantendo la digestione.

Al ristorante: se è possibile, far portare via il cestino del pane, per evitare di mangiarne in eccesso fra una portata e l'altra. Evitare l'acqua fredda e limitare il consumo del vino, che aumenta l'appetito. Come primo prediligere i risotti ed eventualmente gli gnocchi, che hanno un basso contenuto di glutine. Optare per carne o pesce chiedendone la provenienza. La reticenza del personale nel rispondere dovrebbe far sospettare che non sia delle migliori. Ordinare verdure grigliate scondite affinché si possano condire in autonomia.

Per migliorare la digestione: spremere il succo di un limone sia sulla carne sia sul pesce. A cena al ristorante, evitare di ordinare una quantità eccessiva di verdura cruda, perché rallenta la digestione. Mangiare lentamente e assaporare ogni boccone, ciò farà sentire più sazi e non ci si ritroverà con il piatto vuoto troppo velocemente mentre gli altri commensali continuano a mangiare. Cercare di non mangiare più dell'80% della capacità dello stomaco. Chiedere di portare via il cibo che non è stato consumato (potrebbe tornare utile per il giorno seguente).

IN MENSA

Molte persone dispongono di una mensa sul posto di lavoro e non hanno modo di portarsi il cibo da casa. Per poterne usufruire in modo salutare senza alterare i propri programmi, scegliere le pietanze più semplici, come il riso in bianco, le patate lesse, le insalate, la carne o il pesce, e condirli da soli con spezie e condimenti tenuti nella borsa in piccoli barattoli. Chiedere ai responsabili della mensa se è possibile avere cereali senza glutine diversi dal riso.

AL LAVORO, SUL LUOGO DI STUDIO, IN VIAGGIO

Ogni ricetta A.M.S. per il programma Re-Start può essere portata nel lunch box oppure in barattoli di vetro o di plastica chiusi ermeticamente. Portare il condimento a parte in un barattolino di vetro e utilizzarlo al momento. Non dimenticare di portare acqua e/o tisane. Un thermos da 1,5 litri andrà bene.

IN PALESTRA O AL PARCO

Avere sempre a disposizione qualcosa da mangiare quando si va in palestra o si esce per un allenamento o una passeggiata al parco può essere un buon modo per controllare la propria alimentazione e non farsi mai mancare nulla di buono.

Sono utili le *granola bars*, i *raw cookies* e le *veg protein bars*, ma anche una manciata di mandorle, anacardi, noci, semi di zucca ecc. Si possono conservare in piccoli contenitori di plastica o di vetro, nonché in sacchetti con chiusura a pressione, da tirare fuori dalla borsa all'occorrenza.

AL BAR

Una sosta al bar, per chi lavora tutto il giorno fuori casa, spesso è un modo per staccare la spina oppure l'unico momento della giornata per potersi rifocillare. Ormai tutti i bar offrono un'ampia scelta sia la mattina per la colazione sia durante la giornata per gli snack e per il pranzo. Prediligere le centrifughe di frutta al succo di frutta, il tè verde al caffè, il latte vegetale oppure il latte senza lattosio al latte tradizionale, i panini integrali o ai cereali al tramezzino, l'insalata di riso alla frittura, il petto di pollo alla griglia alla cotoletta, le verdure grigliate o scondite (da condire da sé) alle verdure intrise nell'olio. Basta solo guardare attentamente nel banco del bar per scoprire di poter mangiare qualcosa di buono e salutare anche fuori casa. Se non dovesse esserci nulla del genere a disposizione, basta chiedere di preparare qualcosa di diverso: in fin dei conti si paga quello che si chiede di mangiare. Se a questa richiesta lecita dovesse seguire un no, forse è meglio cambiare bar. Ognuno ha il diritto di mangiare ciò che ritiene gli faccia meglio.

Indice completo delle ricette

LATTE, SMOOTHIE E SUCCHI 77
Acqua al limone, zenzero e kiwi 85
Acqua di cocco al cacao e mandorle 92
Drink 90
    Acqua, limone, miele e zenzero 90
    Latte di carota 90
    Turmeric drink 90
Latte di mandorle 79
Latte vegetale: anacardi, noci, nocciole, macadamia, cocco, avena, riso 81
Limonata fermentata 82
Power golden milk 105
Smoothie 96
    Ananas, limone e frutti di bosco 100
    Ananas e datteri 98
    Cacao crudo 98
    Cetriolo e menta 98
    Lamponi e datteri 96
    Mango, ananas, limone, cocco 100
    Mela e curcuma 96
    Rapa rossa e cacao crudo 96
Smoothie al cardamomo 103
Smoothie al cetriolo e spirulina 95
Succhi 88
    Succo di barbabietola e limone 88
    Succo di limone e finocchio 88
Succo di carota viola e limone 86

COLAZIONE 107
Chapati di riso con uovo alla coque 135
Chia pudding con frullato e frutta fresca 117
Chia pudding con frullato e granola 140
Crema di grano saraceno con frutta 137
Crema di grano saraceno crudo e bacche di goji con frutti di bosco 115
Fiocchi d'avena con panna vegetale e frutta 138
Gelatina di chia e lamponi con mandorle 118
Granola 109
Muffin alle cinque spezie 143
Porridge 120
Porridge d'avena e latte di anacardi con cranberry 110
Porridge d'avena alla vaniglia 120
Porridge di grano saraceno con latte di macadamia, goji e vaniglia 122
Porridge di quinoa con latte di mandorle 120
Pudding al cioccolato con mirtilli 145
Pudding alla curcuma con melograno 146
Quinoa con verza viola fermentata e uova al peperoncino 125
Salad breakfast con tè verde matcha 127
Smoothie all'ananas e cannella con granola e bacche di goji 112
Toast wake up con avocado e veg-cheese 129
Uova al tegamino con funghi al timo e limone 130
Veg-cheese 129
Yogurt di cocco 132

PANE E PIZZA 149
Pane ai pomodori secchi e olive 156
Pane in pentola 152
Pane rustico proteico 151
Panini alla barbabietola e zenzero 154
Pizza alla cipolla di Tropea 159
Pizza di fiocchi d'avena con pomodorini e spinaci 162
Pizza di riso e avena in padella con crema di avocado, zucchine e pomodorini 166
Pizzette velocissime con riso e chia 164
Schiacciata di broccoletti 161

VEGETALI FERMENTATI 168
Aglio fermentato 172
Cavolo fermentato alla curcuma 176
Cetrioli, carote e barbabietole rosse fermentati 171
Cipolle fermentate 178
Verza viola fermentata 175

CONDIMENTI E SALSE 180
Cracker all'avena e semi di zucca (*ricetta jolly*) 187
Crema alla menta, mandorle e limone 190
Dressing (1) 182
1. Golden 182
2. Peperoncino al limone 182
3. Olio al timo 182
4. Olio anti-aging 182
Dressing (2) 184
1. Glassa alla mela 184
2. Vinaigrette anti-aging 184
3. Salsa alla paprica affumicata 184
Salsa di pomodori secchi e timo 187
Salsa verde 189
Semi di zucca speziati 192

INSALATE 195
Broccoletti chips 199
Green salad con veg-cheese e pomodori secchi 200
Insalata al salmone con salsa golden 202
Insalata con ciliege, avocado e uova barzotte 205
Insalata croccante con funghi saltati 207
Insalata di bieta rossa, mela e arancio 209
Insalata di cavolo viola e grano saraceno crudo 197
Insalata di ceci, carote viola e avocado 212
Insalata di radicchio rosso di Treviso, arancia, menta e melograno 214
Insalata di zucca cruda 219
Insalata in verde 217
Insalata rossa alla menta e crema di anacardi 210

PRIMI PIATTI E PIATTI UNICI 221
Batate al forno con rosmarino e peperoncino 239
Ceci croccanti o "ceci scrunch" 256
Crêpes di spinaci con ceci al pomodoro e curcuma 223
Crostata alla bieta gialla 258
Crostata di broccoletti ripassati 260
Crostatine salate d'avena 225
Gnocchi di batata con olio al timo 227
Hamburger di quinoa e cannellini con crema alla menta, mandorle e limone 228
Hummus di ceci, pomodori secchi e pomodorini con olio anti-aging 230
Lenticchie rosse alla curcuma e peperoncino 232
Melanzane ripiene con quinoa, pomodorini e limone 235
Pancake salati 237
Pasta e ceci alla curcuma 263
Pizza di zucca 265
Polpette di quinoa e zucchine con salsa al prezzemolo 240
Purea di batata e anacardi 242
Purea di piselli e nocciole tostate 244
Quinoa ai cetrioli fermentati con vinaigrette anti-aging 246
Quinoa al melograno e finocchi 269
Quinoa rossa alle zucchine saltate 249
Riso integrale con verdurine 272
Riso Nerone con crema di avocado e aglio fermentato 251
Risotto al veg-cheese 271
Risotto alle carote viola e limone 274
Risotto allo zafferano e anice stellato 276
Sorgo con ceci e verza viola fermentata 253
Tortino di miglio, carote e sesamo 267
Zucchine ripiene con avena, batata e tonno 254

UOVA, CARNE E PESCE 278
Cuori di nasello al pepe e verdure 295
Insalata di tonno e lattughino 283
Omelette al prezzemolo 298
Omelette con jalapeño, asparagi e crema di avocado 281
Persico al cartoccio con erbette e limone 285
Petto di tacchino alla mela e arancio 288
Polpette di tacchino alla crema di carota e anacardi 293
Salmone al vapore con avocado e rughetta 290
Salmone al vapore con carote viola, cetrioli, salsa al prezzemolo e anacardi 297

Uova in camicia con cetrioli, asparagi, melone e cranberry 286

DOLCI E SNACK 301
Barrette al limone 305
Biscotti alla mela, carota e batata con smoothie 313
Biscotti all'uvetta e datteri 314
Brownie alle noci 311
Ciambella all'arancia 316
Coconut macaron 321
Crema o burro di mandorle 306
Cremini alla banana 339
Crostata di pere al miele e cannella 323
Crostatine rustiche 340
Crumble di mirtilli e fiocchi d'avena 324
Datteri 308
Pasta di datteri 308
Sciroppo di datteri 308
Gelati alla frutta 342
Granola bars 331
Mousse al cacao 347
Pancake 345
Raw almond snack 337
Raw cheesecake alla banana, cacao e fragole 334
Raw cookies 332
Tartufini al cacao e mandorle 303
Torta cioccolatosa 326
Veg-nutella: crema di nocciole e cacao 318
Veg protein bars 329

Le mie ricette

Le mie ricette